SAINTE-BEUVE

Moyen Âge et Renaissance

SAINTE-BEUVE

LA VIE DES LETTRES

Anthologie établie et présentée par Pierre Berès

Moyen Âge et Renaissance

COLLECTION SAVOIR : LETTRES

HERMANN ÉDITEURS DES SCIENCES ET DES ARTS

Publié avec le concours du Centre national des lettres

Les chardons de la couverture proviennent de Phytanthoza iconographia, *1737-1745.*

ISBN 2 7056 6176 X

Connaître Sainte-Beuve, l'admirer

Quelle vieille bête ou quelle vieille canaille ! a osé écrire Proust de Sainte-Beuve[1]. Et quelle belle occasion de se taire le merveilleux écrivain n'a-t-il pas perdue là ! Son *Contre Sainte-Beuve* est un recueil posthume de brouillons, où quelques pages sur l'auteur des *Lundis* accompagnent des conversations à bâtons rompus du narrateur avec sa mère, des digressions sur les Guermantes et une étude sur *La Race maudite* des homosexuels. Comme il tente de définir, de justifier sa propre approche littéraire, toute de finesse, Proust s'attaque à Sainte-Beuve[2], critique sa méthode et l'accuse de tous les péchés de l'intelligence ; pourfendant celle-ci, il en vient même, jugeant la *Sylvie* de Nerval à l'aune de René Bazin et de Marcel Prévost, à écrire : *Peut-être y a-t-il encore un peu trop d'intelligence dans sa nouvelle.* Proust et Sainte-Beuve ont en commun la même sensibilité maladive d'artistes, mais l'enfance de Proust a été heureuse ; les fées se sont penchées sur son berceau et des camarades en tous genres ont maté ses désarrois en occupant la place déserte des jeunes filles convoitées ; la musique, qui a manqué à Sainte-Beuve, a apporté à Proust la mélodie du verbe et le voilà sûr de lui, à

1. M. Proust, *Contre Sainte-Beuve*, éd. Folio, p. 164.
2. Tout en proclamant son admiration pour cette *œuvre critique merveilleuse, immense, bouillonnante* (*Contre Sainte-Beuve, op. cit.*, p. 147) ; en disant à Jacques-Émile Blanche que ses *Cahiers d'artiste* étaient vraiment *les «Causeries du lundi» de la peinture*, il soulignait : *Et je sais bien ce qu'une telle appellation renferme d'éloge* (*ibid.*, p. 577).

raison, dédaigneux de toute écriture qui ne serait pas nuancée, sensible et intuitive comme la sienne.

La personnalité de Sainte-Beuve était si riche et si attachante qu'il est peu de ses contemporains, hommes ou femmes, qui n'y aient été sensibles. Il ne lui a manqué qu'une chose, essentielle : le don amoureux. Comme Stendhal, il n'était ni beau, ni svelte ; l'un se rêvait hussard, l'autre troubadour, mais chez le premier, la vitalité, un peu brutale sans doute, a adouci les trahisons des Milanaises et les dédains de Métilde, tandis que le second ne s'est jamais dépêtré de sa maladresse.

Le sort l'avait privé de père avant sa naissance. Enfant posthume, il a été porté tristement par sa mère et c'est de là, pense-t-il, qu'il a tiré la mélancolie de ses jeunes années. La nature l'avait affligé d'une malformation anatomique inhibitrice[3]. Il est élevé par deux veuves, sa tante et sa mère. Celle-ci, d'origine anglaise, est plus encline, semble-t-il, à la vertu et à la culture qu'à la tendresse. Il cherchera de bonne heure à concilier la vulnérabilité de sa nature avec la vigueur de son esprit. Son intelligence rayonne et son cœur souffre. Sa précocité est exceptionnelle : écolier, il rafle tous les succès[4]. Provincial, il vient à Paris à treize ans et demi, savant comme Pic de La Mirandole, rappellera plus tard Jules Vallès. Dès l'année suivante, l'adolescent fait le bilan de son état et choisit la voie difficile des études médicales, qu'il poursuivra jusqu'à

---

3. Il était hypospade, c'est-à-dire doté d'un pénis défectueux. Son roman autobiographique, *Volupté*, contient un passage où trois lignes de points de suspension imprimées voilent la précision anatomique sans dissimuler la *difficulté particulière* qui *ajoutait encore à [son] embarras et le compliquait*, l'avertissant *d'un obstacle réel*

4. *Couronné de papier doré, fléchissant sous le poids de ses livres de prix, le petit rhétoricien formula un désir sans exemple dans les annales de l'enfance : recommencer à Paris ses classes de grammaire et d'humanités* (A. Billy, *Sainte-Beuve*, t. I, p. 28).

l'internat[5]. Sa méthode est, dès le départ, scientifique : dans ses notes, il emploiera des abréviations algébriques. Ses complexes, ses échecs n'entament en rien la fermeté de son comportement. Enflammé à seize ans par la lecture de *René*, il est par excellence l'*enfant du siècle*, idéaliste et mélancolique, marqué par le *spleen* et la lecture de *Werther* – Guizot l'appellera le *Werther-carabin*. Il partage les meilleures années de sa jeunesse entre le toit maternel et une petite chambre d'hôtel, cour du Commerce, qui lui sert de bureau et dont il cache l'adresse pour travailler en paix. Honteux de son corps et sûr de son intelligence, il manifeste sa vie durant le respect de l'être et le culte de la vérité.

On ne sait pratiquement rien de sa vie sentimentale, sinon qu'elle fut triste et marquée d'un grand dénuement. Dans ses deux mille lettres, il n'y a guère de confidences, à peine quelques soupirs et des regrets[6]. Comme Nerval, il a peuplé son enfance de tendres rêves de fillettes rieuses, de songes amoureux, et il a connu les mêmes chagrins que l'amant éconduit de Jenny Colon. Poètes tous deux et passionnés, ils attiraient les sympathies, mais n'étaient que de gauches soupirants[7]. De ces échecs meurtrissants, la vie plus longue de Sainte-Beuve offre davantage d'exemples que celle du

---

5. *Je ne me suis pas senti le courage d'exercer ; la pratique me rebutait* (*Correspondance*, t. I, p. 64).
6. *Vous ne me connaissez pas du tout, malgré mes livres... Je suis très solitaire... J'ai eu de tout temps un cœur qui, comme un chien fidèle, a cherché maître... J'ai vécu très au hasard, sauf par la vie de l'intelligence que j'ai gouvernée... J'eusse été meilleur si j'avais toujours eu une affection, une idée vivante, une conscience visible et souriante non loin de moi* (*Corr.*, t. X, p. 436). – Dans *la dernière phase de sa vie*, en 1865, il écrit à la princesse Mathilde : *Se plaindre est misérable, se faire plaindre est honteux* (*ibid.*, t. XIV, p. 73).
7. ... *Mon mal et mon crime, c'est de n'être pas aimé, de n'être pas aimé comme je voudrais l'être, comme j'aimerais l'être, aimant. Tout enfant, je ne rêvais dans la vie qu'un bonheur, l'amour, et je ne l'ai jamais obtenu, ni même pleinement ressenti* (*Corr.*, t. I, p. 203).

pendu de la rue de la Vieille-Lanterne. Brûlé de désirs, il les a contraints tout en leur ouvrant grande la porte de son imagination. Aucune des amours de Sainte-Beuve n'est marquée de cette gaieté que Louise Labé prête à l'amant lié à sa belle, *comme du Lierre est l'arbre encercelé.* Ses entreprises s'arrêtent souvent sans aboutir et lui laissent un goût de cendres ; il ne connaît qu'espoirs, frôlements et rebuffades ; il désespère de ce *clou d'or de l'amitié*[8] qui remplacerait la passion qu'il n'atteindra jamais. Ses liaisons, même vénales, sont courtes, sans lendemain et ne peuvent apaiser la tendresse qui submerge sa nature. Claire Brunne (Mme Marbouty), qui s'était entichée de Balzac au point de se déguiser en page pour l'accompagner en Italie et qui tint ensuite un salon littéraire à Paris, tenta d'ébaucher un roman avec Sainte-Beuve, qui se déroba ; elle le peint *petit, fluet, gauche ; bref, une caricature*[9]. Une relation affectueuse, d'évidence plus intellectuelle que sensuelle, s'établira pourtant entre lui et Hortense Allart. Cette femme d'esprit, qui fut aimée de beaucoup de personnages brillants, nourrira volontiers les lettres qu'elle lui écrivit de réminiscences sur ses anciens amants et de souvenirs sur le plus célèbre d'entre eux, le vicomte de Chateaubriand.

La brève aventure de Sainte-Beuve avec Adèle Hugo a fait couler beaucoup d'encre, les indiscrets cherchant toujours à pénétrer *le misérable petit tas de secrets* des êtres, comme dit Malraux. L'histoire est pourtant simple, qui a rapproché deux créatures

---

8. Expression qui trahit la détresse de Sainte-Beuve : *Posséder vers l'âge de trente-cinq à quarante ans, et ne fût-ce qu'une seule fois, une femme qu'on connaît depuis longtemps et qu'on a aimée, c'est ce que j'appelle planter ensemble le clou d'or de l'amitié* (*Le Clou d'or*, 1920, p. 12).
9. *Corr.*, t. II, p. 62.

tristes et insatisfaites. L'amitié avec le ménage Hugo fut pour Sainte-Beuve le rayon de soleil de sa vie. Victor Hugo lui-même était profondément attaché à Sainte-Beuve, qu'il admirait ; l'appui de ce critique à l'autorité grandissante lui semblait indispensable. Adèle Hugo, mélancolique et maladive, était délaissée par son mari qui, dès 1834, s'était installé avec Juliette Drouet, à qui il réservera ses hommages, sinon toutes ses ardeurs, pendant les cinquante années à venir. Elle accueillera avec reconnaissance l'amitié, l'attention, l'adoration de ce soupirant imprévu. Durant leur liaison, entre 1834 et 1836, Adèle Hugo écrit plusieurs centaines de lettres à Sainte-Beuve, dont celui-ci veillera à ce qu'elles soient détruites à sa mort ; leurs relations ne cessent jamais d'être affectueuses et, plus de trente ans après, Sainte-Beuve confie à Baudelaire : *C'est la seule amie constante que j'ai eue dans ce monde-là*[10]. Il écrit encore à Adèle, tantôt pour la remercier de son *affectueux intérêt*, tantôt pour se réjouir avec elle de la reprise triomphale d'*Hernani*, à laquelle elle avait assisté, un an avant sa mort, sans se faire connaître, et qui éveillait en lui *le souvenir des admirations et des amours de [leur] jeunesse*. Enfin, il est patent que Victor Hugo, qui avait conservé cette dernière lettre dans l'un de ses propres carnets, s'est fort bien accommodé de l'affaire. Ni les balbutiements lyriques de Sainte-Beuve[11], ni les phrases hugoliennes, lourdes de grands sentiments[12], que l'on trouve dans leur correspondance ne peuvent

---

10. *Ibid.*, t. XV, p. 41.
11. *Elle est donc tuée irréparablement, cette amitié qui fut de ma part un culte, il ne nous reste plus, mon ami, qu'à l'ensevelir avec autant de piété qu'il se peut* (*Corr.*, t. I, p. 211).
12 *N'ensevelissons point notre amitié : gardons-la chaste et saine, comme elle a toujours été. Soyons indulgents l'un pour l'autre, mon ami. J'ai ma plaie, vous avez la vôtre... Le temps cicatrisera tout... Songez qu'après tout, vous n'avez pas de meilleur ami que moi* (*Corr.*, t. I, p. 211).

faire oublier que les questions de littérature pour l'un, de carrière pour l'autre, avaient au moins autant d'importance que des secrets d'alcôve sur lesquels ils n'avaient rien à s'apprendre. Sainte-Beuve ne ménagera, à aucun moment de sa vie, son dévouement envers Victor Hugo, ni son admiration[13] ; celui-ci, de son côté, le recevra à l'Académie française, dix ans après, en le couvrant d'éloges et rien ne prouve que ce soit finalement en haine que leurs sentiments s'étaient mués[14]. Adèle était heureuse de recevoir des hommages poétiques longtemps absents de sa vie et Sainte-Beuve, cédant une fois encore aux démons de la poésie, célébrait dans le *Livre d'amour* sa plus belle romance. Ce recueil de poèmes, empreints de passion et de respect, parmi les moins mauvais de leur auteur, ne pouvait manquer de bouleverser la jeune femme. Destiné à la seule postérité, il fut imprimé à peu d'exemplaires, et sûrement d'un commun accord, sans nom d'auteur, en 1843, plusieurs années après la fin de l'aventure. Sainte-Beuve en conservera intacts tous les exemplaires et en exigera par testament la destruction. Deux ans après son impression, Alphonse Karr, dans sa revue *Les Guêpes*, signala haineusement l'existence de ce volume. Sainte-Beuve fut sans doute le seul à être ému de ce ragot, qui ne semble pas avoir eu d'écho à l'époque[15] ; il en eut beaucoup, en revanche, vers la fin du siècle où

---

13. *Ç'a été dans ma vie une amitié trop singulière et trop hautement chantée que la sienne pour que je puisse en faire abstraction jamais dans mes jugements. Sur ce point, le poète en moi a tué le critique. Ce dernier a bien assez de quoi faire, même en s'interdisant cet énorme et noble gibier* (*Corr.*, t. XV, p. 384).

14. En janvier 1866, Sainte-Beuve écrivait à Baudelaire : *Je suis persuadé que, de lui à moi, si nous nous rencontrions directement, les vieux sentiments se réveilleraient dans leurs fibres secrètes : il ne m'est jamais arrivé de le revoir sans que nous nous entendissions au bout de quelques secondes, tout comme autrefois* (*Corr.*, t. XV, p. 41).

15. *Il est remarquable, et à l'honneur des contemporains, que personne ne se soit plu à parler de cette histoire et qu'on ait fait sur elle un silence complet* (E. Benoît-Lévy, *Sainte-Beuve et Mme Victor Hugo*, 1926, p. 459).

le goût fripon, s'emparant des amours célèbres, cherchait à y découvrir des éléments affriolants. On glosait sur des lettres prétendûment de Sainte-Beuve, les plus compromettantes, voire les plus scabreuses étant, comme par hasard, de la main de son dernier secrétaire, Jules Troubat, qui avait coutume d'imiter l'écriture de son maître[16].

La vie de Sainte-Beuve se déroule au grand jour, sans mystère et avec la plus grande régularité. On n'y trouve ni vacances, ni voyages[17]. Il vit de sa seule plume ou de maigres traitements ; il se bat en duel pour défendre ses opinions contre le directeur du premier journal où il écrit, *Le Globe.* Il refuse obstinément la Légion d'honneur. Il dénonce vigoureusement les machinations en Suisse du futur Napoléon III, évadé de Strasbourg. Il refuse de communiquer à l'avance l'article qu'il écrit sur Mme de Staël à la fille de celle-ci, Mme de Broglie. Il entre en conflit avec la comtesse de Fontanes, refusant, malgré les pressions de Chateaubriand, d'écrire autrement qu'*en toute indépendance*[18]. Il démissionne d'un poste de conservateur au premier soupçon, injustifié, d'avoir touché quelques fonds secrets royaux. Sa carrière s'accomplit quasi à son insu, sans jamais lui donner de vanité ni l'asservir : il voit *les hommes, même supérieurs, avec une déférence libre*. Il enseigne à

---

16. On ne voit pas pourquoi Sainte-Beuve aurait recopié des lettres dont il avait sous la main les originaux. On voit bien, en revanche, pourquoi l'indélicat Troubat aurait négocié de semblables billets, copiés, voire imaginés, dont les bibliophiles comme Louis Barthou devaient se montrer friands.
17. À part un bref séjour en Italie, en 1839, ses seules excursions hors de France seront pour enseigner à Lausanne et à Liège.
18. Sainte-Beuve se sentait *dans les fers*, lié *par l'adroit Chateaubriand d'un nœud de soie et d'un carcan d'or.* L'auteur de *René* avait en effet rédigéé, dans une lettre placée comme préface en tête de l'édition des *Œuvres* de Fontanes (1839), un éloge sur *le talent fin et varié* de Sainte-Beuve, *ce génie merveilleusement doué.*

l'Ecole Normale, au Collège de France. Il prend fait et cause pour quatre-vingts normaliens menacés dans leur liberté d'expression. Après son élection à l'Académie française, nommé sénateur par l'Empereur, il défend avec éclat la liberté de la presse et de l'enseignement. Le scandale de ses interventions lui vaudra une provocation en duel et près de quatre cents lettres d'admirateurs, parmi lesquels le prince Napoléon et Flaubert[19]. Jules Vallès admirera son franc-parler, le félicitant d'être *l'irrégulier de l'Institut et du Sénat* et d'en avoir *fait voir de dures* à l'Académie française.

Sa nature est affectueuse et sa bienveillance s'exerce en toute occasion ; elle s'exprime en conseils, en démarches, en actions charitables. Ses relations féminines sont nombreuses et brillantes, composées de femmes qu'il a d'abord poursuivies – bourdon se voulant papillon – et devenues des amies véritables ou d'agréables relations : Marie d'Agoult, la marquise d'Arbouville, Mme de Tourbey, Louise Colet, la duchesse de Rauzan, Mme de Solms, la comtesse de Tascher, Mme Récamier, etc. Il est assidu aux dîners Magny, fondés par son ami le docteur Veyne[20], qui réunissaient au-

---

19. Flaubert écrivait à Sainte-Beuve, le 27 juin 1867 : *Tous ceux qui ne sont pas plongés dans la plus crasse bêtise, tous ceux qui aiment l'Art, tous ceux qui pensent, tous ceux qui écrivent, vous doivent une gratitude infinie. Car vous avez plaidé leur cause et défendu leur Dieu – notre Dieu innommé qu'on outrage... Quelle triste chose que l'humanité ! Voilà la première assemblée politique du premier pays de la terre ! N'importe, vous leur avez craché très poliment la Vérité. Elle restera sur eux... Je voudrais que mes bras eussent 34 lieues de longueur pour vous embrasser* (*Corr.*, t. XVI, p. 301). Il lui écrira à nouveau, en mai 1868 : *Vous avez été calme comme la Justice et vrai comme l'Histoire. Comme on a raison de vous aimer, mon cher Maître ! Sans vous, qui nous défendrait ? Je vous aime et je vous embrasse* (*Corr.*, t. XVII, p. 304).

20. Celui-ci disait qu'*on sortait toujours* quelqu'un *des mains de Sainte-Beuve* (Jules Troubat, *Souvenirs du dernier secrétaire de Sainte-Beuve*, 1890 p. 236). *Il voyait en lui un poète et un moraliste extrêmement délicats et qui l'isolent* (*ibid.*, p. 239).

tour d'eux Gavarni, les Goncourt, Renan, Taine, Flaubert, Zola, etc. Sa discrétion l'amène à devenir le confident de femmes remarquables : George Sand lui donne ce rôle aux moments les plus dramatiques de sa liaison avec Alfred de Musset[21], Marceline Desbordes-Valmore lui confie ses peines et ses difficultés, la marquise de Castries l'élit comme chevalier servant[22]. Il est mieux aimé, en somme, que Chateaubriand, dont il a évoqué dans l'une des plus belles phrases de son œuvre (*Oh vous dames*[23]...) les brillantes et inconstantes amours, si égoïstes ; à l'inverse, lui qui ne recevait guère d'amour savait en donner. Ses *Lettres à la princesse* montrent comment l'affection et le respect qu'il portait à la cousine de l'Empereur, la princesse Mathilde, n'altéraient en rien sa liberté de jugement, au point de ne jamais hésiter à casser, si besoin était, une relation privilégiée, si flatteuse fût-elle.

C'est l'ensemble de ces qualités : bonté, discrétion, courage, qui ont valu à Sainte-Beuve tant d'amitiés fidèles et tant de tristesses à sa mort. De l'intégriste Louis Veuillot au révolté Jules Vallès, il sera regretté de tous. Près de six mille personnes suivront son

---

21. *M. Sainte-Beuve me fut très salutaire, en même temps que son amitié, un peu susceptible, un peu capricieuse, mais toujours précieuse à retrouver, me donna quelquefois la force qui me manquait vis-à-vis de moi-même... Il fut toujours généreux et affectueux... Comme il m'avait été secourable avec sollicitude et délicatesse dans certaines circonstances de mon âme et de mon esprit, je regarde comme un devoir de le compter parmi mes éducateurs et bienfaiteurs intellectuels* (G. Sand, *Histoire de ma vie*, 1856, t. IX, p. 204).
22. À la lecture de *Volupté*, le roman de Sainte-Beuve, elle écrivit à celui-ci qui devint l'un de ses familiers. Elle lui confiera le crucifix d'argent que Victor de Metternich, le père de son enfant, avait baisé de ses lèvres mourantes et lui, de son côté, lui offrira le manuscrit inédit de son *Livre d'amour*, qu'elle scellera de son cachet.
23. Voir le chapitre *Chateaubriand*, dans le quatrième volume de cette anthologie, *Le siècle du progrès*.

enterrement, dont George Sand a noté dans son agenda l'atmosphère émouvante[24].

Sa nature sensible portait naturellement Sainte-Beuve vers la poésie. Son premier ouvrage est une étude, nourrie et originale, des poètes français du seizième siècle[25]. On y trouve un choix de pièces de Ronsard qui passe, aujourd'hui encore, pour la première édition du poète depuis deux siècles[26]. Son premier recueil, *Vie, poésies et pensées de Joseph Delorme*, paraît en 1829 sans nom d'auteur[27]. Il y exprime les émotions de son âme tendre dans un style poétique nouveau ; proposant, dans un même recueil, des thèmes différents, il remet à la mode le sonnet, délaissé au siècle précédent, et utilise prosaïquement des rimes et des mots dénués de lyrisme ; il cherche à promouvoir la poésie des humbles[28]. Deux

---

24. *Il y a tout Paris. Pas de prêtres, quelques catholiques..., des femmes, des pauvres, des gueux, des porteurs, le peuple des faubourgs très sage et curieux sans brutalité... Il y a une manifestation très particulière qui me touche, pas un mot, pas un regard curieux ni de travers, une escorte de saluts respectueux et affectueux* (Exposition B.N., Paris, 1955, n° 264).

25. *Tableau historique et critique de la littérature française au seizième siècle*, 2 vol., Paris, 1828.

26. Ce qui est faux : dès 1824, P.R. Auguis insérait dans le tome IV de son anthologie en 6 volumes, publiée chez Crapelet, 23 poèmes de Ronsard. Une autre anthologie, parue en 1826 chez Werdet sans nom d'auteur, mais due, selon Barbier, à Goupy, comportait 49 pièces de Ronsard. Curieusement, ni l'une ni l'autre ne se trouvent à la Bibliothèque Nationale, ni à l'Arsenal.

27. *La publication de mon «Joseph Delorme» m'a un peu sorti de ma solitude de cœur et j'ai grande hâte d'y rentrer. Ce malheureux livre a eu tout le succès que je pouvais espérer ; il a fait crier et irrité d'honnêtes gens beaucoup plus qu'il ne m'eût paru croyable ; Mme de Broglie a daigné trouver que c'était immoral* (*Corr.*, t. I, p. 128). – Le *Mercure de France*, dans une note, trouvait que *«Delorme» était le Géricault de la nouvelle école poétique* (*ibid.*, t. I, p. 161, n. 3).

28. Il rêve d'*introduire dans la poésie française un exemple d'une certaine naïveté souffrante et douloureuse* (*Causeries du lundi*, t. X, p. 67).

ans plus tard, un second recueil poétique, les *Consolations*, puis les *Pensées d'août*, seront mal reçus. Sainte-Beuve se rend à l'évidence : ses vers sont médiocres. Il n'en publiera plus[29]. Ils seront cependant admirés par Verlaine, Sully-Prudhomme et Coppée : on évoquera leur influence sur les *Feuilles d'automne* de Victor Hugo, sur Nerval, sur Théophile Gautier. Proust mettra très haut l'œuvre poétique de Sainte-Beuve[30] ; envoyant à sa mère des vers de Baudelaire, il l'assure qu'elle pourrait les croire *de Sainte-Beuve, de Gérard de Nerval, qui a tant de rapports avec lui*[31]. Sainte-Beuve s'essaye ensuite au roman : dans le gros ouvrage autobiographique en prose qu'il publie en 1834, *Volupté*, on a voulu voir un modèle de *L'Éducation sentimentale* et du *Lys dans la vallée* ; l'analyse y est juste et le style ferme[32]. Balzac, furieux d'un article sévère de Sainte-Beuve, s'écrie : *Je lui passerai ma plume au travers du corps... Je referai «Volupté»*. Et *Le Lys dans la vallée* parut deux ans après.

L'écrivain n'avait pourtant pas encore trouvé sa véritable voie. Ce sont ses exceptionnelles facultés de jugement et son implacable finesse d'analyse qui dirigeront Sainte-Beuve vers la critique, à laquelle il se consacrera depuis sa vingtième année jusqu'à celle de sa mort. Il y apportera constamment sa curiosité, son immense érudition et son sens psychologique, ce qui lui permettra d'atteindre un art personnel de l'investigation et de l'explication

---

29. Il ne pourra cependant s'empêcher de revenir encore deux fois au moins à ce mode : après le *Livre d'amour*, ce sera *Un dernier rêve*, écho de sa tentative de fonder un foyer avec la fille du général Peltier, Frédérique, qui le repoussera.

30. *«Joseph Delorme», ce sont les «Fleurs du mal» avant la lettre* (*Contre Sainte-Beuve*, *op. cit.*, p. 185).

31. *Contre Sainte-Beuve*, *op. cit.*, p. 182.

32. George Sand y trouve *tous les écarts, tous les mystères, toutes les souffrances et toutes les puissances du génie* (*Corr.*, t. XI, p. 719).

littéraires. Ses premiers articles ont pour sujet les sites grecs, la danse ; dès le cinquième, il rend compte des publications nouvelles de mémoires sur la reine Marie-Antoinette ou sur La Fayette. Gœthe y verra déjà *cette maîtresse passion d'infatigable enquête*, comme dira Philarète Chasles. La qualité de ses textes, le caractère probe et sérieux de sa démarche en même temps que l'agrément de son personnage, fondent la réputation de Sainte-Beuve, qui se voit rapidement confier le compte-rendu de tout ce qui paraît. Sa culture est immense ; il possède à fond les littératures française, grecque et latine et assez solidement l'italienne et l'anglaise. Ses chroniques prennent appui sur tout ce qui se publie. Pendant plus d'un demi-siècle, Sainte-Beuve analyse et commente l'essentiel de la production littéraire de la France. Il rend compte de centaines de recueils de vers, de romans, de nouvelles, d'essais. Guidé par son goût et sa rigueur, il apporte ses soins à discerner le bon du médiocre, le sincère du factice, l'authentique du fabriqué. Soulignant ce qui lui paraît excellent et désignant ce qui lui déplaît, il est souvent d'une exceptionnelle perspicacité, parfois prémonitoire. Il salue le génie de Chateaubriand et tente de faire comprendre les œuvres de ses amis ou de ses pairs. Il sera souvent le premier à consacrer leur talent et nombre de ses indications resteront parmi les plus justes qui subsistent[33]. Poète, il sait discerner et proclamer la valeur de ses émules, Hugo, Musset, Lamartine, Vigny, mieux aimés que lui des muses. Pour Stendhal et Flaubert, à qui le liaient des relations aimables avec le premier, amicales avec le second, leur

---

33. La destinée d'une œuvre est souvent marquée par un premier article : ce fut le cas de Pierre Louÿs encensé par Coppée, de Mauriac remarqué par Barrès, de Proust révélé par Souday, de Sollers salué par Mauriac.

œuvre, qui étonnera la postérité – encore que celle-ci dut attendre près de cent ans pour les mettre à leur juste place – ne pouvait que surprendre et laisser coi le romancier de *Volupté*[34]. Quant à Balzac, la méchante critique que celui-ci fit du *Port-Royal* de Sainte-Beuve acheva de creuser entre les deux hommes le fossé ouvert par la fureur de celui-ci de voir Balzac réussir, avec *Le Lys dans la vallée*, la tentative romanesque qu'il avait poursuivie dans *Volupté*[35].

Pour écrire sur ses contemporains, Sainte-Beuve agit comme un ancêtre du journaliste moderne : il visite parents proches et témoins, interroge, recherche et se documente partout où il peut[36], semblable à Flaubert toujours soucieux de rendre authentiques les lieux et les situations où il fait évoluer ses person-

---

34. Empêché par *les convenances semi-officielles qu'il impose* de rendre compte dans le seul journal où il écrit à ce moment, *Le Moniteur*, Sainte-Beuve ne ménage pas à Flaubert sa plus haute louange sur *Madame Bovary*. Il lui écrit, le 25 avril 1857 : *C'est un beau livre, Monsieur, un* maître-livre, *à la fois pour l'observation et la composition. Vous avez, de plus que bien des écrivains qui observent et décrivent la réalité, le style... M. Homais s'élève à la hauteur d'un type* (*Corr.*, t. X, pp. 398-399). – Bravant ses craintes, Sainte-Beuve publiait cependant huit jours après, dans *Le Moniteur*, son article sur *Madame Bovary*, qui déchaîna des réactions violentes.

35. Des années plus tard, Sainte-Beuve maintenait encore son jugement : *Je reconnais (bien entendu) le talent, la puissance et (je ne demande pas mieux que d'employer le terme) un coin de génie, mais un coin seulement : et tout à côté, des exubérances, des jactances, des exagérations, des hallucinations auxquelles il m'est impossible de me rendre* (*Corr.*, t. XVI, pp. 160-161). Cent ans après, Proust déplorait chez Balzac *la vulgarité de son langage* (*Contre Sainte-Beuve*, *op. cit.*, p. 189).

36. *Quelle différence d'exactitude et de vérité nous sentons dans nos jugements successifs sur un même individu, si nous le connaissons ou si nous n'en avons qu'entendu parler, si nous le connaissons pour l'avoir rencontré ou pour avoir vécu avec lui ! Après des années d'intimité, nous découvrons encore quelque chose* (*Critiques et portraits littéraires*, t. II, p. 3). – ... *Il me prend un scrupule d'exactitude. Est-ce avec les tisserands ou les tanneurs du faubourg de ... que [Grosley] aimait à venir causer au soleil dans ses derniers jours ? J'ai oublié le nom du faubourg et de la rue, et je ne suis pas sûr de la qualité et du métier de ces bonnes gens... Ces détails ont leur prix* (*Corr.*, t. IV, p. 302).

nages. Pour le passé, il recourt à la confrontation de toutes les sources imaginables, textes, mémoires, chroniques, traditions ou autres[37], se faisant assister par des bibliothécaires obligeants ou des amis. Il lit sans arrêt les livres qu'il emprunte, qu'il va consulter en bibliothèque, qu'il achète ou qu'il reçoit ; il les annote copieusement en marge ou à l'aide de feuilles volantes. Ses éloges sont perçus comme des bienfaits, mais ses réserves mêmes sont accueillies avec respect, tout écrivain étant flatté de son attention[38]. Ses articles sont sollicités, espérés, attendus. Il refuse obstinément d'écrire contre son sentiment. Ainsi avec Baudelaire : une véritable amitié existait entre eux ; le poète prodiguait à Sainte-Beuve des éloges hyperboliques, l'accablait de présents et l'appelait *le sage merveilleux*, *un accoucheur d'âmes*, *vertueux et aimable*. Cela n'a jamais infléchi l'incapacité de Sainte-Beuve à écrire sur Baudelaire l'article que les amis de celui-ci, plus d'ailleurs que le poète lui-même, attendaient, exigeaient de lui. Baudelaire était sincère, semble-t-il, dans son admiration de l'œuvre poétique de son aîné. Il en reconnaissait l'influence sur la sienne, comme Proust lui-même en jugerait plus tard. Mais comment, ligoté dans sa propre poétique sans espoir, Sainte-Beuve aurait-il pu s'exprimer sur l'œuvre de Baudelaire, éloignée de tant d'années-lumière de la sienne ? D'ailleurs, quel contemporain illustre, fût-ce Hugo ou Mallarmé, a-t-il reconnu en son temps cette nébuleuse qui, selon l'éternelle

---

37. *Il faut..., même en biographie littéraire, en savoir plus qu'on n'en dit, pour ne pas dire à faux* (*Corr.*, t. IV, p. 321).
38. Après l'éreintement de *Salammbô*, Flaubert lui écrit : *J'ai bien envie de vous dire encore une fois combien je vous aime* (Exposition B.N., 1955, n° 182).

loi du genre[39], ne devait répandre sa lumière qu'à trois ou quatre générations de là ? Et c'est l'amitié sans doute, bien entendue, et le bon sens qui ont interdit à Sainte-Beuve, proche du pouvoir, quoique libre, de compromettre davantage Baudelaire en prenant fait et cause pour le seul aspect de l'œuvre de celui-ci, le *génie*, par lequel l'auteur des *Fleurs du mal* se serait rendu davantage suspect. Il en sera de même pour Michelet et pour Zola : Sainte-Beuve leur exposera avec franchise l'absence de rapports entre leur œuvre et ses goûts littéraires ; il agira de même en refusant de louer les pièces de théâtre de son ami Hugo, qu'il juge, comme nous aujourd'hui, ridicules, mais sans jamais cesser par ailleurs de proclamer sa supériorité absolue dans le siècle comme poète.

Sainte-Beuve affirme la liberté de ses choix, allant, toujours farouchement indépendant, de plus en plus aux seules études qui l'attirent personnellement, aux seuls sujets qui lui plaisent ou qui le touchent. Ce sont les écrivains anciens qui lui apportent la matière la plus riche de ses analyses. La moindre brochure lui donne l'occasion de revenir à l'une ou l'autre de ses inclinations favorites : les écrivains français des trois siècles précédents, les classiques latins, l'histoire et les personnages, principalement féminins, qui ornent les sociétés civilisées. Il aime à évoquer des situations, à retrouver des états d'esprit ; aux ressources de son immense culture, il ajoute des renseignements précis, neufs, spécialement recherchés[40]. Ses

---

39. Proust lui-même, qu'a-t-il su de Rimbaud ou de Lautréamont ? Le nom d'Apollinaire lui est inconnu et celui de Mallarmé, synonyme d'illisible. Il ne connaît pas davantage Claudel, pour ainsi dire pas Valéry, ignore Raymond Roussel, son voisin, et ne s'intéresse à Gide qu'en fonction du refus de *Swann* par la NRF.
40. *Je ne suis qu'un* imagier *des grands hommes* (*Causeries du lundi*, t. IX, p. 63).

jugements suivent ses impressions et ses réflexions[41] ; il corrige, nuance, refait, poursuivant toujours la formulation la plus juste[42], la plus proche de la vérité[43]. À partir de 1848, il se fait assister de secrétaires pour classer les documents, vérifier les sources et recopier les pattes de mouche de sa fine écriture, nerveuse et condensée. Ses manuscrits sont chargés de ratures, de corrections, de bouts de papier ajoutés et recollés.

Au fil des ans, des milliers de lecteurs cimentent l'autorité de Sainte-Beuve et suscitent la publication en volumes de ses articles, souvent des chefs-d'œuvre de matière et de style. L'observation y sourd d'un regard perçant, tendre et agile, le commentaire atteste l'intelligence, la nuance trahit le psychologue. Loin d'asservir la raison, le goût la rend accessible. Certains de ses portraits – on pense à La Bruyère, à Vaugelas, à Julie de Lespinasse, par exemple – semblent plus vivants que s'ils avaient été faits sur le vif. Cela fait penser au Baudelaire que Matisse recrée d'après des portraits ou au Washington que Duchamp rend plus présent que sur aucun de ses portraits. Des générations de lecteurs ont trouvé là enseignement et plaisir, l'ingrat auteur de *La Recherche* comme les autres, et

---

41. *Je tiens très peu aux opinions littéraires ; et les opinions littéraires occupent très peu de place dans ma vie et dans mes réflexions. Ce qui m'occupe sérieusement, c'est la vie elle-même, son but, le mystère de notre propre cœur, le bonheur, la sainteté ; et parfois quand je me sens une inspiration sincère, le désir d'exprimer ses idées et ses sentiments selon le type éloigné de l'éternelle beauté* (*Corr.*, t. I, p. 193).
42. *... Le démon de l'exactitude et du détail littéraire est un démon aussi harcelant qu'aucun ; je ne m'y puis dérober ; ... j'irais au bout du monde pour une minutie, comme un géologue maniaque pour un caillou* (*Corr.*, t. II, p. 46).
43. *En ce qui me semble vrai, je n'ai jamais été à une rétractation ni à une rectification près* (*Revue des Deux Mondes*, 15 septembre 1849, p. 1011). – *J'analyse, j'herborise, je suis un naturaliste des esprits* (*Portraits littéraires*, t. III, pensée XXXV).

même davantage. Proust couvre d'éloges Boylesve, Jammes et Henri de Régnier ; il égale Maeterlinck à Tolstoï, Racine et Pascal, tout en admirant Flaubert, mais c'est de Saint-Simon et de Sainte-Beuve qu'il se nourrit. C'est chez Sainte-Beuve qu'il apprend la littérature française, c'est Sainte-Beuve qui sera son mentor[44].

Sainte-Beuve est aujourd'hui mal connu, sauf des spécialistes, et l'on ne sait guère quel admirable écrivain il fut. Ses œuvres, rarement réimprimées, se présentent touffues et il est malaisé d'y trouver, parmi les textes critiques, le *diamant* que George Sand y signalait avec enthousiasme. Cela tient à la nature même de ces écrits, qui ne sont ni d'imagination, ni de spéculation : ce sont des études sur les sujets littéraires les plus variés, où l'on trouve d'admirables portraits de centaines d'écrivains dont les plus importants.

De son temps, on a dit que Sainte-Beuve traitait les rois de la pensée comme Suétone traitait les Césars. On l'a égalé à Montaigne, à Shakespeare, à Tacite. Au-delà de ces hyperboles, il reste qu'il a créé un genre qui n'a pas eu d'imitateur. Il a fondé une *histoire naturelle littéraire* qui lui a permis de faire connaître des auteurs et des œuvres d'une façon très complète, inconnue auparavant. Ni les *Vies* de Plutarque, ni même la célèbre biographie du docteur Johnson par Boswell n'avaient jamais approché du modèle qu'il a ainsi imposé.

---

44. C'est chez Sainte-Beuve que Proust découvre Senancour et *la parenté de sensibilité qui l'unissait* à celui-ci, au point de lui faire écrire : *Senancour, c'est moi* (*Contre Sainte-Beuve*, éd. Pléiade, pp. 568-940).

Sainte-Beuve apporte à son travail une assiduité de bureaucrate, avec *un goût d'école buissonnière*[45] et *une totale hardiesse d'allure.* S'il prend appui sur des lectures, chacune s'enrichit de réminiscences, d'évocations, d'images et, la plupart du temps, d'interrogations, d'explorations. Il rend compte des visions qu'il se forme, des impressions qu'il ressent, et suggère quantité de rapprochements qui éclairent la connaissance. Vif et ouvert, ennemi de la stagnation, Sainte-Beuve est constamment à la recherche du vrai et à la poursuite du beau.

Il n'a cure d'histoire littéraire ou de biographie, moins encore de décerner des éloges ou des blâmes. Son propos est ailleurs. Comme Montaigne et Rousseau inventaient la confidence et Diderot la lecture des tableaux, Sainte-Beuve veut peindre au physique et au moral. Il veut faire connaître les écrivains sans les dissocier de leurs œuvres ni de leur milieu. À l'expression, à la vie que rendent d'un modèle un pastel de La Tour ou une toile d'Ingres, il entend ajouter tout ce qu'omet le pinceau et que l'écriture seule peut traduire. Il procède par dissection ; sa puissance d'analyse le met à même d'observer mille traits épars des vies des écrivains et de les confronter aux données historiques, économiques, sociologiques de leur temps et aux circonstances de leur carrière. Son intelligence et sa curiosité lui permettent de saisir toutes les variations imputables aux époques et aux situations, et sa finesse lui révèle les singularités des vocations et des destins. Moraliste véritable, il distingue toujours l'individu de l'acteur et, loin de les confondre ou de les amal-

45. Il connaît *les assujettissements pénibles de la vie littéraire et le poids des corvées, même honorablement laborieuses, au lieu du joug léger des Muses* (à propos de l'abbé Prévost, in *Causeries du lundi*, t. IX, p. 111).

gamer, il prend et fait prendre les mesures de la distance qui les sépare. Il établit ainsi des synthèses neuves, sans aucun a priori ; seules lui importent la vérité, la satisfaction de son goût et l'indépendance de son jugement. Ses portraits ne sont jamais uniformes[46], car sa manière se moule sur la singularité de chaque exemple. Les postulats d'ordre du positivisme rejoindront d'eux-mêmes la rigueur de son raisonnement lorsqu'il s'agira pour lui d'embrasser dans leur ensemble les grands mouvements des idées et des civilisations, mais il évitera d'instinct la voie ouverte par Auguste Comte de cette approche trop systématique qui, tout au long du siècle, desséchera tant de travaux. Sa méthode, mouvante, ne saurait se réduire à un genre, biographique, psychologique ou historique. Cette méthode consiste en fait à renouveler, à chaque fois, tant l'angle de vue que le traitement. Poète peintre, il a créé ainsi, grâce à un don unique d'intelligence et de sensibilité, des silhouettes frappées d'éternité.

Maître suprême de la langue, nourri de grec et de latin et artiste, il adapte son style à la variété de ces profils. Ses phrases sont articulées et cadencées avec bonheur ; elles atteignent parfois, impeccables, la longueur de celles qu'utilisera plus tard Proust. Il manie l'art du contrepoint ; sa ligne mélodique est la voix même de l'écrivain dont il parle et de la voie qu'il a choisie. Leur implication profonde, leur authenticité et leur art confèrent à ses études littéraires autant d'intérêt que d'actualité et mettent beaucoup d'entre elles au rang de pages immortelles.

Pierre Berès

---

46. *J'ai toujours pensé qu'il faut prendre dans l'écritoire de chaque auteur l'encre dont on veut le peindre. – Je veux de l'érudition, mais une érudition maîtrisée par le jugement et organisée par le goût* (*Mes poisons*, 1926, pp. 126-127).

Note

Cette anthologie, *La Vie des lettres*, comprend quatre volumes, dont le premier contient la préface. Ils sont disposés chronologiquement : *Moyen Âge et Renaissance*, *Le Siècle de Versailles*, *Les Lumières et les salons*, *Le Siècle du progrès*. Les morceaux choisis sont extraits de l'œuvre critique de Sainte-Beuve, qui comprend trois blocs homogènes, *Port-Royal*, *Chateaubriand et son groupe littéraire* et *Étude sur Virgile*, ainsi que plusieurs centaines d'articles isolés, publiés de 1824 à 1848 dans *Le Globe*, la *Revue de Paris*, la *Revue des Deux Mondes*, qui ont été en partie recueillis dans les *Portraits littéraires* et *contemporains*. Ensuite, jusqu'à sa mort en 1869, les chroniques hebdomadaires de Sainte-Beuve dans *Le Constitutionnel*, *Le Moniteur* et *Le Temps* feront connaître le titre sous lequel celles-ci ont paru, les *Lundis*. C'est principalement parmi ces dernières, où Sainte-Beuve avait tenté de sélectionner ses meilleures pages, que le choix a été fait.

Pendant près de quarante ans, la rédaction de ses articles représentera le plus gros de l'activité créatrice de Sainte-Beuve. Il consacre toute son énergie à cette tâche qui barre son horizon pratiquement pendant toute la semaine[1]. Comme tout créateur, l'échéance le surprend encore au travail ou insatisfait de celui-ci. Sainte-Beuve revient souvent vers les mêmes sujets ou personnages, saisissant l'occasion pour affiner au fur et à mesure ses analyses. On trouve sous sa plume plusieurs portraits semblables et cependant différents de ses écrivains préférés, Montaigne, La Fontaine, Molière[2]. Dans la masse de ses écrits, il en est qui concernent des personnages, des événements ou des situations devenus lettre morte à nos yeux. La présence de ces inconnus, de ces oubliés, obscurcit des pages éblouissantes et en rend la lecture moins agréable. Les études critiques de

---

1. *Je suis un mercenaire assujetti à un article chaque semaine et sans une minute de loisir* (*Corr.*, t. XIII, p. 603). – *Je cherche à sauver quelques heures du matin pour l'article qui est sur le métier dont je vis* (*Corr.*, t. II, p. 192). – *Cette corde au cou devient ma seule ressource pour ne pas me noyer* (*Corr.*, t. IV, p. 288). – *J'avais attendu au dernier moment comme toujours, et je n'avais pas un quart d'heure libre : j'en ai souffert, croyez-le* (*Corr.*, t. II, p.406). – On est loin du commentaire désinvolte de Proust : ... *le travail fiévreux et charmant d'une semaine, le réveil glorieux de cette matinée du lundi* (*Contre Sainte-Beuve, éd. Folio*, p. 136).

2. *J'ai noté en indice caractéristique les auteurs les plus souvent cités par Sainte-Beuve : Saint-Simon, Vauvenargues, La Rochefoucauld, Saint-Évremond, Sénac de Meilhan... Il n'y a pas, dans les premières* Causeries, *un article où le nom de Vauvenargues ne revienne. En poésie, c'est André Chénier qui se retrouve le plus souvent sous sa plume.* (Jules Troubat, *Souvenirs du dernier secrétaire de Sainte-Beuve*, 1890, p. 338).

Sainte-Beuve, souvent provoquées par des publications auxquelles d'obscurs commentateurs comme d'excellents savants apportaient leurs soins, sont en grande partie encombrées des politesses auxquelles la qualité de ces travaux contraignait l'écrivain ; ainsi, l'arbre cache la forêt. On a du mal à entendre Sainte-Beuve parler de Pascal pendant qu'il rend hommage au présentateur de celui-ci. C'est pour ces trois raisons, répétitions, pâlissements ou digressions, que l'on a pris le parti de reconstituer ici, dans leur essence même, quelques-unes des plus belles analyses de Sainte-Beuve, dégagées des commentaires qui les alourdissent, des allusions contemporaines qui les obscurcissent et des chevauchements qui en feraient trébucher l'ordonnance.

On a donc beaucoup élagué, en supprimant notamment ce qui concernait les éditeurs ou les présentateurs de rééditions. Pour certains écrivains, comme Chateaubriand, à qui Sainte-Beuve a consacré un ouvrage entier, ou Saint-Simon, dont l'étude a été *dix fois refaite*, on a choisi de présenter soit des extraits formant une synthèse convenable, soit quelques passages illustrant un aspect moins connu du sujet. Ainsi pour Montaigne, on a retenu les seules réflexions de Sainte-Beuve sur le rôle humain et politique de l'auteur des *Essais* comme premier magistrat de Bordeaux. Dans d'autres cas, tel le *Roman de Renart*, on a donné le texte intégral. On a renoncé à entrelarder le texte de points de suspension ou de crochets, tout en respectant scrupuleusement l'articulation de la pensée et l'expression de l'écrivain. Sainte-Beuve était lui-même conscient de la difficulté qu'il y aurait à donner à ses écrits une véritable cohérence, tout en conservant les diverses facettes qui les faisaient briller. Il savait que le choix s'imposait. On a tenté de rester fidèle à son vœu[3].

3. *Bien qu'écrits dans le but d'être rassemblés, ces morceaux qui ont paru successivement gardent trace, en plus d'un endroit, de circonstances et de dispositions qui se sont modifiées et ils offrent ainsi de légers désaccords. En tâchant de les compléter et de les perfectionner dans le détail, nous n'avons pas cherché à faire disparaître ces marques, pour ainsi dire, originelles. Une fois entré dans cette voie de correction, nous ôtions aux morceaux leur caractère. Si l'exactitude de la réimpression nous a coûté quelquefois, c'est quand il nous a semblé que nous avions été injuste à l'égard de quelques personnes et passionné en quelques opinions. Sans qu'au fond nos jugements du passé et nos prévisions de l'avenir se soient détournés ni déconcertés, l'expérience plus vraie que nous avons faite des choses, dans le sens même de nos convictions, nous a rendu plus tolérant pour tous* (*Premiers lundis*, t. II, pp. 297-304). Et il ajoutait : *Que n'ai-je pas dit, de quoi n'ai-je point parlé ? Morts et vivants y ont passé, je ne m'en souviens moi-même que confusément* (*Corr.*, t. XIII, p. 603). *Il y a bien du mélange, mais cela se lit à bâtons rompus* (*ibid.*, t. XI, p. 718).

Ce travail a bénéficié de la communication de nombreuses lettres, souvent inédites, de Sainte-Beuve, et de manuscrits, parmi lesquels celui du *Livre d'amour*. Plusieurs dizaines d'ouvrages consacrés à Sainte-Beuve ou à son époque ont été consultés, dont l'excellente biographie d'André Billy, mais l'on a pris appui véritablement sur la *Correspondance générale*, publiée par Jean Bonnerot, assisté de son fils Alain, en dix-neuf volumes de 1935 à 1943.

P.B.

L'éditeur ne saurait assez marquer sa gratitude envers Laura Germain pour la bonne grâce et l'intelligence avec lesquelles elle a fait face, dans la transcription finale du texte, aux innombrables retouches et remaniements de cette présentation.

Table

Des origines de la langue

Au milieu du cinquième siècle, il y avait déjà dans la Gaule quatre peuples distincts qui ne reconnaissaient plus la domination romaine : 1° au midi de la Loire, les *Wisigoths* ; 2° au nord-est, en-deçà et au-delà des Vosges, les *Burgondes* ; 3° au nord, dans la Germanie Seconde, les *Francs* sous Mérovée ; 4° dans la Bretagne armoricaine, les *Bretons* émancipés. Que peut-on conjecturer de l'état *de la langue* ou *des langues* parlées en Gaule à cette époque, et de ce qui dut résulter de la ruine de la prédominance romaine ?

César avait distingué dans la Gaule trois races d'hommes parlant chacune une langue tout à fait diverse, à savoir l'*aquitain*, le *celtique* et le *belge* ou *gaulois*. De ces trois langues, il y en a deux qui sont restées à l'état de débris et de résidus vivants, le *basque*, retranché dans les Pyrénées occidentales, le *bas-breton*, qui persiste cantonné aux extrémités de l'Armorique. Quant à la troisième langue dont parle César, Fauriel, qui la nomme proprement le *gaulois*, ne sait trop où en placer le siège ; il ne croit pas qu'il en reste aujourd'hui de vestige vivant, mais il ne doute pas qu'elle ne fût parlée au cinquième siècle dans quelques cantons particuliers de la Gaule.

Selon César et en y joignant ce que dit Strabon, qui le complète, il y avait donc trois peuples ou races parlant trois langues principales primitives dans la Gaule antérieurement à la domination romaine : 1° les *Aquitains* (qui habitaient l'espace triangulaire compris entre le cours de la Garonne et la moitié occidentale de la chaîne des Pyrénées) parlaient une langue qui se rapprochait fort de l'*ibère* ou de l'espagnol d'alors ; 2° les *Celtes*, qui parlaient une autre langue très distincte, étaient principalement concentrés entre la Garonne et la Seine ; 3° les tribus *belges* ou *gauloises*, qui parlaient une langue regardée comme distincte par César, mais certainement moins différente de la celtique que de l'aquitaine, occupaient tout l'espace de la rive droite de la Seine à la rive gauche du Rhin et à l'océan. La langue latine, en se répandant universellement sur la Gaule à partir de la conquête de César, avait recouvert ces idiomes primitifs, mais ne les avait pas détruits. Dans les grandes villes, dans les centres et aux environs, dans le rayon de la puissance administrative et dans le cercle de la haute société gallo-romaine, on parlait latin ; dans les cantons écartés et hors des grandes voies romaines, les idiomes du pays, qu'on sait être si tenaces, devaient persister. On parlait latin même dans les campagnes qui formaient le district rural des grandes villes, et les grandes populations de celles-ci entendaient également le latin. La politique impérieuse de Rome était d'imposer non seulement son joug, mais aussi sa langue aux peuples soumis : il était prescrit que la justice se rendît en latin ; c'est en latin que se plaidaient les causes, et une loi expresse défendait au préteur de promulguer un décret en aucune autre langue qu'en langue latine. L'intérêt de chaque jour est le plus puissant maître des langues.

À cette école, les paysans mêmes des Gaules apprirent presque partout à parler, à écorcher du moins le latin. La vanité s'en mêla aussi. Dès la fin du quatrième siècle, le résultat était obtenu ; l'homme du peuple n'avait plus besoin d'interprète, il parlait lui-même le latin ; il en jargonnait assez pour se faire comprendre. Sulpice Sévère nous montre un homme d'assez humble condition, qui craint d'estropier le latin et qui s'en excuse ; mais enfin, estropier le latin, c'est le parler. On entendait, tant bien que mal, le beau latin, celui de la ville, et on en parlait un mauvais, un rustique. Sidoine Apollinaire, étant évêque, composa un discours en latin, très travaillé et maniéré selon son usage, pour être récité devant la population réunie de Bourges où il avait été appelé comme médiateur entre les factions opposées qui se disputaient pour le choix d'un évêque. Sidoine nous avertit que, dans ce discours, il visa à être simple, familier, populaire : il fut pourtant académique malgré lui et précieux. Le discours fut prononcé, très bien entendu de la population, et produisit son effet.

Cette intelligence, cette *demi*-intelligence du latin dura encore selon les lieux deux ou trois siècles, ou peut-être au-delà. Au commencement du neuvième siècle, elle n'existait plus[1]. Quant au gaulois, selon le témoignage de Grégoire de Tours et de Fortunat, il ne se parlait déjà plus que dans quelques cantons au sixième siècle et, dès la fin du septième, il avait entièrement disparu. Le celtique proprement dit ne se parlait plus que dans une partie de la Bretagne.

Revenons au cinquième siècle, terme extrême de la langue latine encore pure. Il y avait aussi dans les villes des restes dégénérés du théâtre antique, des espèces de *farces* ou *discours scéniques* en latin, qui ne nous sont guère connus que par les déclamations et les invectives des écrivains ecclésiastiques qui les proscrivent – petits théâtres où le peuple gallo-romain se précipitait avec fureur. Il y

1. Au neuvième siècle, les conciles de Tours (813), de Reims (813) et celui de Mayence (847) prescrivaient aux évêques et prédicateurs de prêcher aux populations, de leur traduire les homélies dans la langue du pays, pour que tous pussent comprendre.

avait également des *chants* ou *chansons* en latin, très profanes, appliqués aux divers usages de la vie domestique (le pendant des *scholies* des Grecs), appropriés à la danse ou aux chœurs, aux noces, aux banquets. Mais ces chansons, ces farces étaient-elles en latin classique ? Il est plus que permis d'en douter. Ces populations gauloises, qui entendaient à la rigueur le latin raffiné de Sidoine, comment parlaient-elles le latin elles-mêmes ? avec quelles altérations, avec quels solécismes ? À Rome même, il y avait une grande différence entre le latin fixé par la culture littéraire, le latin de Cicéron et de Pline le Jeune, et celui que parlait la populace des faubourgs, le peuple des campagnes. On n'entrevoit qu'à de rares endroits et comme par de rares fissures ce latin vulgaire, qui filtre accidentellement à travers le latin écrit. Il nous manque, pour savoir en quoi consistaient précisément ces altérations que le peuple romain lui-même faisait subir à la langue de Cicéron, et pour nous faire une juste idée du latin *vernaculaire*, de posséder quelques-unes de ces petites comédies populaires que l'on désignait sous le nom d'*atellanes* ; mais ce qu'on peut affirmer, c'est que, là comme partout, la multitude tronquait, altérait les formes des mots, les désinences caractéristiques destinées à en nuancer la valeur grammaticale ; ou plutôt elle continuait de faire comme avaient fait ses pères, elle suivait les habitudes commodes et la voie large de l'idiome vulgaire, lequel était probablement antérieur à la création du latin savant, qui s'était plus ou moins modelé sur le grec. Des érudits ont même voulu tirer directement l'italien de cette espèce de dialecte vulgaire du latin qu'aurait parlé le gros de la population romaine.

Si cela était vrai, même à Rome et aux portes de Rome, si, au premier siècle de notre ère, l'*osque* ou telle autre forme de langage italiote primitif étaient encore parlés dans des districts peu éloignés de la Ville éternelle, que devait-il donc arriver en Gaule, au cœur du pays, chez des populations qui avaient un fonds d'idiomes tout à fait différents de famille et réfractaires à la fusion ? Toutefois, tant que la domination romaine y prévalut, c'est-à-dire jusqu'à la fin du quatrième siècle, le latin rustique de la multitude, au moins sur les lignes principales, dut tendre plutôt à se rapprocher du latin grammatical et à s'y assimiler de plus en plus. Depuis la conquête des Romains jusqu'à celle des Barbares, ce fut la langue des hautes classes qui, de plus en plus, tendit à dominer dans les Gaules ; au contraire, du moment que les invasions germaniques vinrent rompre le lien et délier le faisceau, ce fut le latin populaire qui prit le dessus ; ce latin rustique, débarrassé de l'autre, dut faire à sa guise et se donner des licences : il se remit à faire ses *bagaudes* et à battre la campagne.

Par le fait des invasions germaniques, trois nouveaux idiomes furent introduits en Gaule, le *gothique* au sud-ouest, le *burgonde* au sud-est et le *francique* au nord. L'invasion des Huns n'avait été qu'un grand tumulte, un grand bruit, un torrent furieux qui fit une trouée, mais qui ne déposa rien. Ainsi, à la fin du cinquième siècle, il y eut jusqu'à sept ou huit langues différentes dans la Gaule. Le grec s'y était maintenu sur quelques points jusque vers la fin de la domination romaine. Deux siècles plus tard, les Arabes ayant conquis la Septimanie et Narbonne étant devenu le siège de leur puissance, il s'y introduisit encore une langue nouvelle. La variété des dialectes et (comme dit Pasquier) des *ramages* particuliers devait être sans nombre.

C'est du cinquième au dixième siècle que se fait le grand mélange, le travail sourd et comme le *broiement* d'où sortirent les idiomes modernes. Qui dira le mystère exact de cette formation ? Il y a des choses qui ne s'écrivent point. Le propre de la langue rustique, vulgaire, populaire, est de se pratiquer sans s'écrire. À peine si on peut en saisir quelque indice, quelque vestige imprévu qui se glisse dans des productions et des monuments d'un autre ordre et qui est ainsi arrivé par hasard jusqu'à nous.

J'ai dit que, de la langue du douzième siècle, on était venu sans interruption à la nôtre ; cela n'est pas tout à fait exact. Il y eut, vers le milieu du quatorzième siècle, par suite des affreux malheurs de la guerre de Cent Ans, une interruption véritable, une demi-dissolution de la monarchie, de la société, et, par une inévitable conséquence, il se fit une lacune, il se produisit un oubli, une défaillance dans les choses de l'esprit, dans les règles de la langue. Ces règles, qui essayaient de se fixer depuis deux siècles, furent négligées, oblitérées ; les œuvres – une grande moitié des œuvres qui avaient le plus occupé les imaginations populaires – sortirent de la mémoire et tombèrent en désuétude, au moins sous la forme littéraire épique qu'elles avaient d'abord revêtue. Le Moyen Âge en France (si l'on donne ce nom à toute l'époque intermédiaire qui précède la Renaissance) achevait donc, dès l'entrée du quinzième siècle, de se traîner comme un vieillard à qui un grave accident a ôté plus qu'à demi la conscience de lui-même. Quand la Renaissance, plus retardée chez nous qu'en Italie, vint donner un tout autre cours aux idées, aux études, et communiquer un véritable rajeunissement aux esprits, l'imprimerie, qui s'inventait et se perfectionnait dans le même temps, se mit au service des grandes résurrections d'abord, grecque et latine, et seulement, pour le langage vulgaire, des productions nouvelles ou de celles de la veille encore et qui allaient devenir surannées ; mais elle ne s'adressa point aux œuvres déjà vieilles de deux ou trois siècles et depuis cent ans déjà sorties de la mémoire des hommes. Un oubli profond les submergea.

Villon, Marot, à plus forte raison Ronsard, étaient, de fait, plus éloignés que nous du Moyen Âge, dans ce sens qu'ils y étaient plus étrangers. C'est qu'être plus voisin des choses et des hommes par la date, une fois qu'on vient à plus de cinquante ans de distance, cela ne signifie trop rien et que tout est également à rapprendre, à recommencer. Or il arrivait précisément, au sortir du Moyen Âge, ce qu'on éprouve en redescendant des montagnes : d'abord on ne voit derrière soi, à l'horizon, que les dernières pentes qui vous cachent les autres ; ce n'est qu'en s'éloignant qu'on retrouve peu à peu les diverses cimes et qu'elles s'échelonnent à mesure, dans leur vraie proportion. Ainsi le douzième et le treizième siècles littéraires, dans leur chaîne principale, ont été longs à se bien détacher et à réapparaître. Il fallait qu'on fût arrivé à un endroit assez distant et d'où l'on eût toute liberté de voir et, de plus, qu'on eût l'idée de se retourner.

Quelques curieux pourtant, dans la seconde moitié ou vers la fin du seizième siècle, eurent cette idée, mais ce mouvement de retour vers la vieille poésie ne se suivit point alors. Le dix-septième siècle littéraire, qui s'inaugurait sous les auspices de Malherbe et de Balzac, avait trop à faire, trop à songer à ses propres œuvres, à sa propre gloire pour revenir ainsi en arrière ; il avait sa langue immortelle à épurer, à fixer : il eût craint de se gâter l'élocution et le goût en retournant à de vieux jargons. Il eût fait beau voir qu'un de ces jargons de province se fût rebellé contre Paris en se prétendant un dialecte : on ne voulait pas plus d'un dialecte que Richelieu ou Louis XIV n'eussent voulu d'un baron féodal indépendant ; on lui eût rabattu la tête. Quand règne la langue de la Cour et que l'urbanité est maîtresse, les patois sont comme des parents pauvres que l'on consigne à la porte. On laissait l'étude de la barbarie aux érudits purs.

Au dix-huitième siècle, Sainte-Palaye, initié par la lecture de Froissart à l'amour de notre vieille poésie, fut possédé d'une véritable passion du Moyen Age français ; il en eut l'enthousiasme, il eut comme une vision anticipée de tout ce qu'il renfermait de riche et de renouvelant. Il eut mieux qu'une vision, puisqu'il amassa pendant des années, avec un zèle méritoire, tous les éléments d'un vaste lexique ou *Glossaire* resté en grande partie inédit, et où l'on va puiser encore. Mais il faut voir avec quel dédain de spirituels et doctes amis de Sainte-Palaye jugeaient de cette passion, si singulière à leurs yeux, qu'il avait pour le Moyen Âge !

[Les] inscriptions romaines, dans lesquelles on a souvent relevé des solécismes introduits par l'ignorance et l'habitude populaire (*cum conjugem suam*, etc.), menaient tout droit aux racines et origines de ces langues nouvelles, si recherchées par Sainte-Palaye. L'étude de ces dernières ne devait être, un jour, tout à fait constituée que lorsque le secret mépris et le divorce entre les deux ordres d'érudits auraient cessé et auraient fait place à un effort commun, à un concours de direction et de méthode. Cette méthode, cette critique, il ne faut pas l'attendre de ces premiers chercheurs, avant tout empressés et zélés. Ils amassent, ils rassemblent, ils inventorient les matériaux ; ils n'ont aucune idée d'une règle, d'une philologie exacte, d'une philosophie de langue. Ce sont des textes tels quels, en gros, qu'ils reproduisent, qu'ils finissent par comprendre à force d'en copier, mais dans l'examen desquels ils n'apportent aucune vue philologique subtile et fine, ou supérieure. De Sainte-Palaye à Méon et même après, nous ne voyons que des *fouilleurs*, qu'on ne saurait en aucune sorte appeler des *guides*. Ils sont perdus dans leur sillon ; ils ne portent par leur regard au-delà. Quand ils sont des *transcripteurs* exacts, on a ce qu'on peut en attendre de mieux.

Raynouard, le premier, mit fin à cette méthode désordonnée qui n'en était pas une et qui, en supposant un pêle-mêle inextricable, le continuait et le prolongeait. Dans son culte exclusif pour la langue romane du Midi, il ne put la croire sans règles et sans lois : il finit par les découvrir ; il les aurait plutôt, sans cela, inventées. Il inventa réellement l'idéal d'une *langue romane intermédiaire*, la même et commune chez tous les peuples de langues néo-latines, chez les Français, les Provençaux, les Italiens, les Espagnols, les Portugais, et qui se serait interposée, à l'origine, entre le latin et la langue propre à chacun de ces peuples. Il imagina donc qu'il y avait eu, au moment où la langue latine expirait et où naissaient les idiomes modernes, une espèce de langue médiatrice, fille (un peu bâtarde) de l'une, mère très légitime des autres, qui aurait eu ensuite son développement à part et son plus direct, son plus précoce et son plus favori rejeton dans l'idiome des troubadours. Il y aurait eu à un certain moment, vers le neuvième siècle (et en ce qui est de la langue) un *grand lac commun universel* couvrant toute l'Europe méridionale et presque toute la France ; et ce ne serait que par une sorte de *détachement graduel* que se seraient formés ensuite les différents lacs séparés, c'est-à-dire les idiomes distincts. Mais on ne voit aucune raison suffisante à cette grande uniformité première, et tout indique, au contraire, que la diversité, d'abord, dut être extrême, infinie ; que sur chaque point, dans chaque bassin, les choses ont dû se former d'après quelques conditions générales sans doute, mais aussi d'après les éléments particuliers préexistants et avec des différences que la raison indique, et que deux ou trois mots, une phrase grossière transmise par hasard, dans quelque chronique latine, et commentée à grand renfort de science, ne sauraient effacer ni démentir. On veut que les langues d'*oc* et d'*oïl* se soient fort rapprochées à l'origine et aient moins différé alors que dans la suite ; ce n'a pu être qu'à la manière de deux sources qui, sortant d'un même marais (le latin corrompu), étaient naturellement plus voisines au moment où elles en sortaient que lorsqu'elles eurent parcouru un long chemin, chacune dans sa direction propre.

L'hypothèse de Raynouard est aujourd'hui ruinée : il demeure bien prouvé que la langue d'oïl est la sœur, et non la fille de la langue d'oc, et une sœur qui n'est nullement cadette. Fauriel, qui était un esprit bien plus ouvert et plus philosophique, a eu sa part de système aussi. Il a trop accordé peut-être aux grandes compositions provençales qu'on n'a pas, ou dont on n'a qu'un petit nombre, et il a trop peu accordé certainement aux grandes compositions narratives des trouvères, qui se sont conservées. Comme l'a dit Guillaume Schlegel, *il veut que la France méridionale, féconde en créations poétiques, ait toujours donné à ses voisins et qu'elle n'en ait jamais rien reçu.*

Littré pense que dans la transformation de l'ancien latin, dans ce renouvellement d'où sont nés les quatre idiomes vulgaires, *provençal*, *français*, *italien*, *espagnol*, il y a lieu de constater plus d'ordre et de régularité qu'on ne le soupçonne d'ordinaire. Dans ce grand choc que les invasions multipliées donnèrent à l'édifice de la langue latine comme à tout le reste, et qui semblait d'abord devoir tout confondre, il estime qu'après tout, les influences destructives et dispersives ne prévalurent pas. Il aime à constater les ressemblances entre le provençal, le français, l'italien, l'espagnol, les tendances connexes de ces quatre langues. Toute part faite à la corruption, à l'ignorance, il préfère toutefois au mot de *barbarie* (pour exprimer ce qui s'est passé dans ce sourd et lent travail) les termes plus physiologiques de *décomposition* et de *recomposition*. Il compare encore ce grand phénomène aux formations géologiques : *Ce ne sont pas*, dit-il, *des amas çà et là disséminés par l'action turbulente et saccadée de mille courants variables, mais ce sont des dépôts lents et uniformes produits par l'action également lente et uniforme de vastes mers et de grands lacs.* Il cherche et retrouve la filiation jusque dans le désordre apparent ; il la dégage et la démontre souvent avec bonheur à travers tous les déguisements qui la masquent et les irrégularités qui sautent aux yeux. Un avantage de cette méthode courageuse, inquisitive, c'est qu'en insistant pour ressaisir plus peut-être qu'on ne peut atteindre, on trouve certainement plus de choses que si tout d'abord on désespérait.

Diez, qui s'est dès l'origine occupé des troubadours, appartient à cette école qui, cherchant dans une exacte comparaison des langues sorties du centre de l'Asie, des langues indo-européennes, a eu le mérite de tirer l'étymologie du vague domaine de la divination et de l'asseoir sur des principes certains. *Chaque langue*, observe Littré, *aura un système qu'elle suivra et les permutations ne seront pas indéterminées d'une langue à une autre.* Il y a une loi : *L'accent en latin est sur la pénultième quand cette pénultième est longue et l'antépénultième quand la pénultième est brève. Eh bien, cet accent latin a exercé la plus grande influence sur la formation de la langue française : il a constamment déterminé la conservation de la syllabe sur laquelle il portait, de sorte que les retranchements et les contractions ont agi sur les syllabes non accentuées dans le latin.* Quand on n'écrivait plus, quand on ignorait l'orthographe du mot, quand on ne démêlait plus bien les cas, les désinences, le mot s'est altéré, s'est déformé, s'est tronqué. Mais autour de quelle syllabe s'est-il ainsi contracté, *croqué* en quelque sorte (*corripere*), sinon autour de celle sur laquelle portait l'accent, l'âme du mot ? Ainsi, du midi au nord, le mot *masculus*, par exemple, est devenu : en italien, *maschio* ; en espagnol, *macho* ; en provençal, *mascle* ; en français, *mâle* ; en wallon (c'est-à-dire dans l'extrême français du pays de Liège, faisant pointe entre l'allemand et le flamand), *mâie.* Dans cet exemple parfait et en quelque sorte idéal (et, par malheur, tous les mots ne se prêtent pas à un tel rangement), on suit l'altération qui a eu lieu sur toute la ligne, au gré des prononciations – j'allais dire des mâchoires – plus ou moins souples, faciles, lentes, paresseuses. À la fin, il ne reste plus que la syllabe accentuée qui a fait noyau.

Pourtant l'on rencontre quelques exceptions, c'est-à-dire quelques cas qui prouvent qu'au moment de la transformation, les populations accentuaient certains mots, déformés déjà, autrement que ne le faisait la latinité : *rogitus* pour *rogatus*, *provitus* pour *probatus*, etc. Car en beaucoup de cas, les mots ne dérivent que médiatement du latin, et il a existé un mot qu'on peut appeler *bas-latin* et qui sert d'intermédiaire. Mais Diez a grand soin de distinguer deux sortes de bas-latin : *L'un, qui appartient aux premiers siècles, alors que les langues populaires étaient plus voisines de la source latine : celui-là est une mine féconde. L'autre, dû aux notaires et aux moines, alors que les langues nouvelles commençaient à s'écrire, est dénué d'importance.* La haute période du bas-latin était une époque encore vivante.

Quand je parle de l'accent latin déterminant le point essentiel des mots dans le travail de transformation, il n'est pas question, bien entendu, des mots qui ne s'introduisirent que plus tard, depuis la Renaissance, et qui sont copiés et pris du latin lu et non parlé. Ainsi, en français, on a fait de *minimus*, *minime* ; d'*urbanitas*, *urbanité* ; de *grandiloquentia*, *grandiloquence* ; de *jubilare*, *jubiler*, etc. Ces mots-là sont des mots morts qu'on a calqués à plat sur le papier[2].

Fuchs, qui a consacré un livre à l'étude de la transmission du latin aux langues romanes, pense que *les langues romanes sont une*

2. De *minimus*, accent étant sur *mi*, on avait fait dans l'ancien français *moime* qui, dans le patois du Morvan, veut dire *le plus petit* ; de *jubilare*, dans le patois du Berry, *jeûler* ; de *ruminare*, non pas *ruminer*, mais *roinger*, d'où *ronger* (*Journal des savants*, 1857, p. 681).

évolution naturelle du latin, qui s'est opérée à peu près comme si les Barbares n'étaient pas intervenus et par la marche simultanée, bien que contraire, d'un latin classique qui s'éteignait et d'un latin vulgaire qui se perfectionnait. Ce n'est point le mélange et l'influence des Barbares qui ont causé des altérations ; ce n'est pas la décadence politique et intellectuelle de l'Empire qui a réagi sur le parler et y a introduit toutes sortes de fautes contre l'analogie ; il n'y a eu dans ce grand phénomène ni vicieuse intervention de l'étranger, ni appauvrissement graduel des sources du savoir et de la grammaire ; mais les germes analytiques qu'on peut voir poindre sous la forme synthétique de l'idiome latin se sont développés. Et pour tout dire, quand même l'Empire, au lieu de succomber sous l'effort de ses ennemis et d'être en proie à une longue invasion, eût continué à exister ou se fût dissous par la seule réaction des éléments contenus en son propre sein, le latin ne s'en serait pas moins transformé en langues romanes avec tous les caractères qu'elles possèdent.

Littré n'accueille pas sans de grandes réserves cette idée d'évolution. Il fait la part irrécusable de la période de corruption, de dégradation, d'écrasement ; mais aussi il admet un autre agent latent, progressif, analytique, conforme à la marche et à l'exigence croissante de l'esprit humain : *Ainsi, dans ces langues* novo-*latines, on voit apparaître l'un des éléments les plus précieux pour la précision et la clarté, à savoir l'article.* À l'époque la plus brillante et la plus pure de la langue latine, Auguste était tellement préoccupé de la clarté et de la précision qu'il sentait bien que cette noble langue n'avait pas au même degré que la dignité ou la grâce, qu'il n'hésitait pas à ajouter des prépositions aux verbes, à répéter les conjonctions. Les langues romanes, le vieux français en particulier, tout en défigurant à tant d'égards et en étant si prodigieusement loin de valoir la langue d'Auguste, s'acheminaient du moins à répondre, en fait de clarté et de précision, à la grande préoccupation d'Auguste.

Edélestand du Méril, qui a regardé de très près toutes ces questions d'origine, a soutenu que tenter d'appliquer à notre vieux français cette rigueur grammaticale, cette précision philologique, vouloir en traiter les textes manuscrits comme l'on a fait les livres venus de l'Antiquité, c'était rapprocher des choses profondément dissemblables, c'était faire une *création rétroactive*, supposer aux monuments du vieux français une *pureté systématique* qui lui est le plus étrangère et chercher dans ce qui est de soi informe et variable à l'infini un ordre et une règle qu'on peut y mettre à toute force, puisqu'ils ne s'y trouvent point. Je ne doute pas que les esprits sévères ne soient disposés à tenir compte de tout ce qu'il y aura de fondé dans une opinion qui se fait plus contraire qu'elle ne peut l'être : car enfin on ne dit pas, d'un côté, qu'il n'y a, du onzième au treizième siècle, qu'une seule langue française uniforme, de même que, de l'autre côté, on ne peut pas vouloir dire qu'il y a autant de langues françaises différentes qu'il y a de manuscrits ou de clochers. Il ne reste plus qu'à discerner les éléments du vieux français, élément latin, celtique, germanique, pour en établir le compte autant que possible et en fixer les proportions, pour faire l'histoire et dresser comme l'état-civil des mots provenant des trois races.

8 novembre 1858. *Premiers lundis*, t. III, pp. 72-133

[Publié dans la *Revue contemporaine*, ce texte avait fait l'objet d'une conférence à l'École Normale le 8 novembre 1858.]

L'ancien théâtre français

Il y a eu incontestablement [au Moyen Âge] une première époque assez simple et sévère, fervente, se suffisant à elle-même et dont on peut retrouver à certain degré le sentiment, l'esprit d'édification et d'adoration, en se replaçant par la pensée en présence de cette liturgie vivante, à distance respectueuse de l'autel, au vrai point de vue des fidèles d'alors et des célébrants. C'est le point de vue le plus opposé sans doute à l'esprit de la Renaissance des quinzième et seizième siècles, à cet esprit à demi païen, à demi moderne, qui renouvelait alliance avec l'Antiquité pour partir de là d'un pied ferme et reconquérir le monde. De telles représentations devaient alimenter et fortifier les âmes croyantes, remplir leur imagination, satisfaire à leur besoin de sensibilité. Toutes les facultés humaines y trouvaient à la fois leur compte ; et l'on conçoit bien que les saint Bernard, les saint Bonaventure et toutes ces âmes mystiques et ardentes y trouvassent leur fête et leur complet rassasiement. Ce témoignage sincèrement rendu à ce qu'on appelle le haut Moyen Âge, il faut voir le drame religieux se détachant par degrés de l'autel, traduit, délayé en langue vulgaire (et bien vulgaire en effet) : il nous paraîtra déchu.

Cependant les idiomes modernes, tels quels, étaient nés, ils étaient sortis de leurs langes et faisaient de toutes parts leurs vives et gaies enfances, leurs premières jeunesses ; le commun des gens, le peuple, avait besoin de drames à lui, avait faim de spectacles également dévotieux et émouvants, qu'il entendît, dans lesquels il intervînt et eût sa large part. On avait déjà commencé de la lui faire dans les drames *farcis* : on appelle ainsi de petits drames dans lesquels, par égard pour l'auditoire et le populaire qui n'entendait pas le latin, on consentait à introduire une part de français. C'était un premier degré de sécularisation, un premier pas vers le profane ; mais ce pas ne se fait pas encore hors de l'Église ; si l'on sort du sanctuaire, on ne sort pas de la nef. Il y a là une forme transitoire, intermédiaire. On a un exemple de ces petits drames farcis dans le *Mystère des vierges sages et des vierges folles* : elles y parlent en latin avec un refrain en roman ou provençal ; ailleurs, l'entrelardement devait être en français.

C'est ainsi que, par degrés, on en vient aux drames les plus anciens composés d'un bout à l'autre en langue vulgaire ; et dès ce moment, on sort tout à fait du sanctuaire et même de l'église. En effet, s'il est certain qu'on a chanté dans un grand nombre d'églises et dans certaines processions, aux douzième et treizième siècles, des hymnes et cantiques en langue vulgaire, à la gloire des saints du lieu, ou bien encore la veille ou le jour des grandes fêtes ; si les exemples de ces chants particuliers qui n'étaient pas en latin et qu'on tolérait malgré les canons, sont nombreux et irrécusables, on n'a pas jusqu'ici d'exemple avéré d'un mystère tout en français représenté dans l'intérieur d'une église. On les jouait dehors et devant, sur la place du parvis, aussi près que possible du saint lieu, mais non plus dedans – et voilà enfin le théâtre.

Le premier et le plus ancien exemple qu'on ait d'une production dramatique en français, en dialecte anglo-normand, est celui d'*Adam.* Ce drame, dont la composition remonte au douzième siècle, est au premier rang parmi les très rares échantillons que l'on possède du drame purement religieux – ou *hiératique*, comme disent les savants – en vieille langue française. On n'avait jusque là que des fragments. *Adam*, c'est le drame à la fois extérieur à la liturgie et adhérent encore à l'Église, au moment où il va s'en détacher. Le théâtre est tout contre le portail ou la sacristie. L'acteur qui fait Dieu le Père sort de l'église et y rentre alternativement ; les ornements sacerdotaux sont employés dans la représentation ; l'église est à la fois coulisse, vestiaire. Les indications scéniques, les avis aux acteurs, sont encore en latin, ce qui suppose qu'ils l'entendaient et qu'ils étaient *clercs*, plus ou moins prêtres. Adam, notre premier père, est le héros de ce premier drame retrouvé. Le sujet est le Paradis perdu et ses conséquences, le même sujet que celui de Milton.

Indépendamment des acteurs proprement dits, il y a un *lecteur* et un *chœur*, comme si l'on était dans l'église. Le lecteur lit de scène en scène, et en latin, les versets de la Bible qui correspondent au développement du drame, et le chœur, avec accompagnement de musique sans doute, chante les répons. Le drame va être ainsi une sorte de Bible historiée, le *verset* développé, paraphrasé, mis en action et en personnages. Et tout d'abord la lecture commence par le premier chapitre de la Bible : *In principio creavit Deus cœlum et terram [Au commencement, Dieu créa le ciel et la terre]*, qui est comme l'ouverture et le prologue du drame ; et le chœur chante aussi un ou plusieurs versets qui font symphonie. Tout cela est encore indiqué dans le livret. Après quoi la *Figure*, Dieu, qui vient de former le premier homme du limon, l'appelle par son nom : *Adam !* ; celui-ci répond : *Sire !* et la première scène commence, un dialogue de Dieu avec Adam, puis avec Ève. Dieu les sermonne tous deux. Insistant avec Adam en particulier sur la félicité qui lui est destinée et lui montrant le jardin du Paradis, Dieu y introduit lui-même le couple humain. Puis on entend un nouveau chant du chœur, le verset latin de la Bible qui se rapporte à cette entrée dans le Paradis terrestre. Chaque verset ainsi chanté est comme un coup d'archet, le petit air de violon à nos théâtres du boulevard, qui signale la fin ou le commencement d'une scène. Ce n'est plus ici le drame en langue vulgaire qui essaye d'entrer timidement dans l'église et de s'y faire tolérer en se faufilant tant bien que mal à travers le latin, c'est la liturgie cette fois qui sort du sanctuaire pour aller au-devant du drame, pour lui donner comme une première consécration et bénédiction sur la place publique. Mais en retour, le drame ainsi encadré dans un récitatif d'église n'est que la paraphrase du texte sacré ; il ne peut s'émanciper, il est à chaque instant averti et retenu : il est encore mené à la lisière.

Dieu parle d'une manière bien enfantine ; nous voilà tombés dans la rue et dans le populaire ; adieu la belle liturgie ! toute la gravité du latin a disparu. Mais en revanche, le bourgeois qui comprend et qui s'apitoie sur le sort de nos premiers parents verse une larme qui aura plus d'une occasion de couler encore durant ce tableau parlant. Ce n'est plus cette liturgie dramatique du chœur et du sanctuaire où éclate en hymnes si richement rimées et comme en rosaces magnifiques le talent et le bel esprit d'un saint Bernard ; c'est déjà le régal et l'émotion de la foule. Le premier venu y prend sa part.

Le meilleur endroit de la pièce est le dialogue entre Ève et Satan. En diable qui sait son métier, il commence par lui dire un peu de mal de son mari ; car il a déjà essayé de le tenter, lui, mais inutilement :

J'ai vu Adam, il est trop fol [trop bête]. – Ève : *Il est un peu dur.* – Satan : *Il s'amollira ; il est plus dur que n'est enfer.* – Ève : *Il est très franc [libre].* Satan : *Dis plutôt serf, esclave. Il ne veut prendre soin de lui ; il devrait le faire au moins pour toi. Tu es faiblette et tendre chose...*

Voici les compliments à la femme qui commencent, et ils sont très délicats :

Tu es plus fraîche que n'est rose ; tu es plus blanche que cristal, que neige qui tombe sur glace en val [dans un vallon]. Le Créateur a fait là un triste couple ; tu es trop tendre, et lui trop dur. Mais tu es cependant plus sage ; en grand sens il a mis ton courage [ton cœur] ; pour cela il fait bon s'adresser à toi. Je veux te parler...

Ève est gagnée ; mais s'agit d'Adam : il a vu le diable causer avec elle et il n'est pas content. Le voyant venir, Satan s'est éloigné et s'en est allé dans l'Enfer, qui est là figuré quelque part au bas de l'échafaud. Puis il revient presque aussitôt sous une autre forme, sous celle d'un serpent qui monte à l'arbre, et ce n'est qu'après l'avoir écouté de nouveau et avoir fait mine de lui prêter l'oreille qu'Ève présente la pomme à Adam. On remarquera ce serpent artificiel (*artificiose compositus*) qui va de lui-même s'enrouler autour du tronc de l'arbre défendu. Il y avait dès lors des machines, des *trucs* qui étonnaient et attachaient les spectateurs.

Toute cette première partie du drame devait être assez touchante dans sa naïveté. Le fruit mangé, Adam sent à l'instant sa faute et il se baisse contre terre. Et alors, *sans pouvoir être vu du peuple*, il dépouille les beaux habits qu'il avait eus jusque là et il revêt de pauvres vêtements tissés de feuillages, commençant ses lamentations et ses *hélas !*, proférant ses invectives et ses récriminations contre Ève. Après un petit chant du chœur qui succède, Dieu ou la Figure paraît, revêtue d'un étole : *Adam, ubi es ? Adam, où es-tu ?* Alors tous deux comparaissent, non pas tout à fait droits et debout, mais, à cause de la honte de leur péché, tant soit peu courbés et fort tristes. Après les excuses qu'ils essayent de balbutier, Dieu fulmine les malédictions contre le serpent et lance contre eux les terribles menaces, les prédictions de malheur, en se réservant toutefois la pitié et la miséricorde :

En Enfer irez sans répit ; ici les corps auront exil, les âmes en Enfer péril. Satan vous aura en sa puissance ; il n'est homme qui vous vienne en aide, par qui vous soyez secourus, si, moi, je ne prends pitié de vous !

Voilà le dernier mot clément, qui laisse la porte ouverte à l'espérance ; c'est cette même arrière-pensée de miséricorde, terminant la sentence divine, qui a inspiré plus tard à Milton de faire descendre, pour juger l'homme déchu, non le Père, mais le Fils, le futur Rédempteur en personne, le *doux juge et intercesseur à la fois*, venant porter la sentence avec une colère tranquille, *plus fraîche que la brise du soir*. Milton a donné à ce sujet biblique la seule invention, la seule profondeur, le seul *recul* possible, en remontant par-delà le commencement jusqu'à la chute des anges, en nous transportant au milieu de ces démons précipités dont Satan est le roi et qui, de loin, ont ouï parler confusément d'une nouvelle création, d'un nouvel être devenu le favori du Tout-Puissant. Le voyage de Satan dans l'espace, hors du chaos, à la découverte, son arrivée aux limites du monde nouvellement créé, son déguisement, son entrée furtive dans le Paradis, le spectacle de bonheur et de délices conjugales dont il est témoin et qui le navre d'envie, ce premier tableau divin et unique du bonheur dans le mariage, tout cela prépare, inquiète, intéresse, ouvre des horizons immenses, crée un fond, une perspective antérieure, donne à la scène tout son sens et toute sa portée, fait de la place à l'action qui va suivre. Mais pour s'élever à une telle conception, il fallait, outre le génie d'abord et le don individuel, il fallait une poésie non contrôlée, non tenue en laisse ou conduite à la lisière par le prêtre de la paroisse lisant sa leçon entre deux scènes ; il fallait une poésie biblique émancipée doublement et par la Réforme, et par la Renaissance, un poète chrétien ayant lu Homère, ayant senti Luther, ayant connu Cromwell, ayant vu sortir déjà tous les fruits amers et féconds de l'arbre de science.

Ici, dans notre pauvre drame, rien, ou aussi peu que possible ; pas même de ces effets tout naturels que suggérait immédiatement le sujet. Ainsi, dans la seconde partie ou, comme nous dirions, dans l'*acte* suivant, lorsque Abel est tué par Caïn, notre vieil auteur qui avait compris que le premier crime, effet de la chute, étant celui de Caïn, il en devait faire son second tableau, a manqué cette idée si naturelle dans un drame d'*Adam* où l'on met en scène le meurtre d'Abel, de nous montrer notre premier père auprès du cadavre de son fils et contemplant avec effroi ce que c'est que cette mort que sa désobéissance a introduite dans sa race. Le vieil auteur, en étant si près d'un grand effet dramatique sans le saisir, a prouvé qu'il ne savait pas encore son métier. Le métier ne viendra que plus tard et peu à peu ; il ne paraîtra au complet, dans tout son développement et son savoir-faire, qu'au quinzième siècle, époque où est épanoui et a régné en plein le genre des mystères. Le malheur est que, même alors, il n'y ait eu nulle part ni à aucun moment chef-d'œuvre dans l'ordre dramatique religieux. Cependant, et malgré cette lacune, il y a eu, à cet extrême déclin du Moyen Âge, un grand théâtre religieux qui compte *historiquement* et qui est un témoin considérable des mœurs et des goûts de l'époque. Cela complète la série des faits humains, sans que le trésor de l'esprit humain en soit augmenté.

Cette pièce [d'*Adam*] n'était pas la seule en son genre ; il y en eut sans aucun doute plus d'une sur le même sujet depuis le douzième siècle, et chaque fois qu'on y revenait, le sujet était traité avec un développement croissant, était poussé plus loin. Peu à peu, tout l'Ancien et le Nouveau Testament y passèrent et y défilèrent, mis et traduits en scènes et en personnages ; et les vies des saints, et les miracles de la Vierge également. On brodait, on amplifiait, on y introduisait des légendes et des traditions de toutes mains, on y intercalait des scènes vulgaires, d'une vérité et d'une *copie* contemporaine attachante. Le théâtre s'élargissait en tout sens ; il envahissait la place publique. On aurait dit, à de certains jours, que ces centaines de statues et de figures qui peuplaient les portails et les vitraux des cathédrales descendaient de leurs niches et de leurs verrières pour jouer en personne leur histoire devant le peuple. Cela était devenu, au quinzième siècle, un genre dramatique régnant, débordant, universel.

Si l'on fait pareille étude sur les origines du théâtre des Grecs, on est sûr d'être bientôt récompensé de la sécheresse des débuts. On a devant soi, et comme échelonnés de distance en distance, Eschyle, Sophocle, Euripide. Jusque dans les portions arides et tout en gravissant les premières pentes raboteuses, on a de loin en vue d'admirables temples, des colonnes de marbre pur se détachant sur une mer bleue, se découpant dans un ciel serein. Ici, rien de tel : nos perspectives, en avançant dans cette voie des mystères, ne sont que des entassements de foule plus ou moins endimanchée et de confus échafauds. Le mystère, le drame religieux et sacré ne s'est finalement résumé et épanoui chez nous dans aucune œuvre vraiment belle et digne de mémoire.

Relisez un chant d'Homère, une scène de Sophocle, un chœur d'Euripide, un livre de Virgile ! Grandeur ou flamme du sentiment, éclat de l'expression et, s'il se peut, harmonie de composition et d'ensemble (et s'il n'y a pas de composition proprement dite dans Homère, il y a une flamme perpétuelle, un feu et un torrent de poésie qui rachète tout) – ce sont là quelques-uns des traits et des conditions de cette beauté plus aisée à sentir qu'à définir. Ne la cherchons pas, ne nous y attendons pas ici, dans notre quinzième siècle, nous serions déçus. Elle n'a brillé dans ses parfaits exemplaires, cette incomparable beauté, qu'une seule fois ou peut-être deux fois sous le soleil. Il y a certes des beautés de différentes sortes et de différents degrés ; les manifestations de la vie et de l'âme humaine sont infinies. Accueillons-les toutes ; mais n'oublions pourtant jamais, nous tous qui l'avons vue ou entrevue, la beauté véritable ; gardons-en fidèlement la haute et délicate image au-dedans de nous, ne fût-ce que pour n'en pas prodiguer à tout propos et n'en jamais profaner le nom, comme je le vois faire à d'estimables travailleurs qui ont beaucoup paperassé sur le Moyen Âge et qui ne connaissent que cela. Qu'on me dise que c'est *curieux* tant qu'on le voudra – oui ; mais que c'est *beau* – non.

Pour type des mystères à leur moment de grande célébrité et de solennité, il est naturel de prendre le plus important de tous, celui qui a donné son nom aux Confrères mêmes, fondateurs de notre ancien théâtre régulier, le *Mystère de la Passion*, imprimé avec les arrangements et additions du nommé Jehan Michel. L'auteur, Arnoul Gresban, était un notable bachelier en théologie, chanoine de l'église du Mans, du temps de Louis XI. Une *Introduction*, qui ne devait pas être jouée, exposait en 1500 vers la Création, la chute des anges et celle de l'homme, le meurtre d'Abel et la mort d'Adam, c'est-à-dire les préliminaires et les antécédents du sujet. Dès la seconde scène, Dieu le Père y est montré sur son trône, entouré de ses anges et présidant à un débat que se livrent les divers attributs personnifiés en plusieurs dames, d'un côté la Paix et la Miséricorde, de l'autre la Justice et la Vérité. Il y a aussi la Sapience, qui fut la cinquième dame. La Miséricorde l'emporte et il est décrété que le Créateur donnera son propre fils pour le salut des hommes. L'Enfer à peine informé s'en émeut ; Lucifer fait appel aux diables, ses confrères.

L'œuvre de Jean Michel au complet, les deux mystères, *Nativité* et *Passion*, ont un peu moins de 50 000 vers. Mais en revanche, l'ouvrage d'Arnoul Gresban, qui est la souche, n'en a, dit-on, que 27 000, comme si c'était peu de chose. En général, l'infini ou l'indéfini, l'interminable, est le cachet de ces œuvres sans art. On pouvait les grossir et les étendre à volonté. Le *Mystère de la Passion*, joué à Valenciennes, se divisait en 25 journées ; un seul rôle, celui du Christ, pouvait contenir plus de 3400 vers. Le répertoire des noms contenus au jeu des *Actes des apôtres* accuse 485 personnages, ce qui a fait dire que *la moitié d'une ville était occupée à amuser l'autre*. Ces gens-là ont la passion du long ; ils n'ont pas l'idée du groupe, ni de la proportion et de la mesure. Tout se déroule, rien ne se noue.

Ces analyses courent risque de ne pas supprimer ces deux ingrédients de toute lecture prolongée des mystères, le dégoût et l'ennui. Relisons la belle page de Guillaume Schlegel dans laquelle il compare les chefs-d'œuvre de la tragédie antique aux groupes du *Laocoon* et de la *Niobé* : voilà les images qui conviennent à cet ordre de beautés nobles, sublimes ou tendres. Je ne saurais mieux comparer ces grands et longs mystères qu'à une série de bas-reliefs assez habilement et naïvement sculptés sur bois, représentant chacun une scène, mais une scène détachée, qui ne se lie pas nécessairement avec la précédente ni avec la suivante, et de cette série de compartiments juxtaposés, de scènes à tiroirs continués à bâtons rompus, résulte une œuvre interminable, bigarrée, morcelé, vivement *historiée* dans le détail, mais à laquelle ne présidait aucune vue d'ensemble. C'était une grande lanterne magique au naturel, l'amusement des hommes de ce temps-là. Cela semble fait pour des gens qui ne restent pas jusqu'à la fin, qui n'en auront pas le temps, pour des artisans et des gens de métier. Ils en emportent ce qu'ils peuvent : ils auront vu au moins quelques scènes.

Mais en m'arrêtant là, je serais injuste. Il y a quelque chose dans le *Mystère de la Passion* : il y a toute une branche ou un épisode entrelacé qui peut réellement nous intéresser comme tableau de mœurs et de genre, *Marie-Madeleine* ou, si l'on veut, une *grande coquette*, une *élégante du quinzième siècle* avant et après sa conversion. Il y a de plus une belle scène – très belle par le sentiment – entre Jésus et sa mère. Toutes ces circonstances de l'histoire de Jésus, tous ces personnages si connus de nom et montrés aux yeux, semblables aux gens d'à présent, devaient toucher les simples, les ignorants, qui étaient alors le grand nombre, et devenaient un enseignement vivant, parlant à tous. C'étaient les figures du Nouveau Testament en chair et en os. C'étaient ces mêmes figures sculptées et peintes qu'on voit encore sur les retables d'autel de ce temps-là et qui se mettaient à marcher et à agir devant les curieux édifiés.

Figurons-nous bien, non pas seulement dans la salle de l'hôpital de la Trinité à Paris (cette salle me semble trop étroite), mais dans une des places publiques d'une de ces villes considérables, Angers ou Valenciennes, devant la cathédrale ou quelque autre église, un échafaud dressé, recouvert et orné de tapisseries et de tentures magnifiques, et tout alentour une foule avide et béante ; des centaines d'acteurs de la connaissance des spectateurs, jouant la plupart au vrai dans des rôles de leur métier ou de leur profession : des prêtres faisant ou bien Dieu le Père, ou les saints ; des charpentiers faisant saint Joseph ou saint Thomas ; des fils de famille dans les rôles plus distingués, et quelques-uns de ces acteurs sans nul doute décelant des qualités naturelles pour le théâtre ; figurons-nous dans ce sujet émouvant et populaire, cru et vénéré de tous, une suite de scènes comme celles que je ne puis qu'indiquer : le dîner de saint Matthieu le financier, qui fait les honneurs de son hôtel à Jésus et aux apôtres, dîner copieux et fin, où l'on ne s'assoit qu'après avoir dit tout haut le *benedicite*, où les gais propos n'en circulent pas moins à la ronde, où l'un des apôtres loue la chère, et l'autre le vin ; pendant ce temps-là, les murmures des Juifs et des pharisiens dans la rue et à la porte ; puis les noces de Cana chez *Architriclin*, espèce de traiteur en vogue, faisant noces et festins, une vraie noce du quinzième siècle – oh ! non pas du Paul Véronèse, la splendeur du style est loin ! mais de la vérité, du comique même ; l'Architriclin, le Vatel au désespoir quand il voit que le vin manque ; Jésus averti tout bas par sa mère et réparant le mal sans bruit ; l'étonnement du maître d'hôtel quand il goûte ce vin de la fin qui se trouve le meilleur, tandis que, selon l'usage des noces de ce temps-là (et, m'assure-t-on, de quelques noces de campagne encore aujourd'hui), on donnait le meilleur vin au premier service et le moins bon au dessert : car il suffit que cela gratte, quand les palais, une fois, sont échauffés.

Ces noces de Cana seraient tout un tableau flamand, s'il y avait de la couleur. Chez un maître flamand, les figures, les poses, peuvent être vulgaires, mais le ton est solide, ferme, éclatant, relevé, plein de ragoût ; il y a du style dans la *diction*. C'est comme qui dirait du Régnier ou du Rabelais. Or la diction dans les mystères, dans celui du moins dont je parle et dans tous ceux que j'ai vus, est généralement molle, délayée, *étendue d'eau*. Tout style proprement dit est absent.

Le beau semble appartenir plus exclusivement à l'Antiquité ; l'intérêt, la curiosité, l'expression fidèle et variée de tout ce qui se fait et de tout ce qui se passe sous nos yeux, sans aucune préoccupation de l'idéal, sont des parties plus volontiers réservées aux modernes. *Le vrai est ce qu'il peut* semble être le plus souvent leur devise. C'est ainsi que le *roman*, le *drame* sont essentiellement plus modernes que le *poème épique* et que la *tragédie.* On dirait que l'humanité, en avançant, est surtout soigneuse de s'observer tout le long de sa route, de se décrire, de laisser de soi, aux différents âges, des portraits ressemblants, tels quels, qui serviront ensuite de termes de comparaison, de documents biographiques et historiques, aux curieux qui viendront après. En ce sens, notre vieux mystère a quelque chance de ne pas être tout à fait oublié : en faisant bon marché de l'œuvre comme art, comme élévation, comme composition, on pourra toujours le consulter pour ces quelques scènes, quand on voudra donner une idée fidèle et piquante de la vie de salon, des habitudes et du ton de la société galante et déjà polie au quinzième siècle. Ce sont des estampes, des peintures de genre, qui comptent à leur place dans la collection totale et qui, à ce titre, ont leur prix.

27 octobre, 3 et 10 novembre 1862.
Nouveaux lundis, t. III, pp. 352-418, sous le titre :
Le «Mystère du siège d'Orléans» ou «Jeanne d'Arc» et,
à ce propos, de l'ancien théâtre français

Du Bellay

Lorsqu'on étudie le seizième siècle français au point de vue de la poésie, on est frappé de voir comme il se coupe exactement en deux et comment, après une première moitié où s'essaye une Renaissance encore incomplète et timide, il vient un jour et une heure où elle éclate et aspire à son plein et entier développement. Or il n'y a rien de plus simple et de plus décisif, pour montrer avec netteté l'état des choses à la veille de la seconde moitié du siècle et pour faire comprendre l'esprit de conquête et d'innovation qui animait à cette heure les jeunes intelligences, que de dérouler de nouveau le manifeste publié par Joachim du Bellay, ce brillant programme qu'il a daté de Paris, du 15 février 1549.

Joachim du Bellay avait vingt-cinq ans alors ; né au bourg de Liré, à douze lieues d'Angers, il appartenait à l'illustre famille des Du Bellay, dont les deux frères, le capitaine Langey et la cardinal du Bellay, s'étaient signalés dans les armes et dans les négociations pendant la première moitié du siècle. De bonne heure orphelin de père et de mère, tombé sous la tutelle d'un frère aîné, il eut assez de peine à percer et ne reçut qu'assez tard les marques de la protection du cardinal, qui avait été le patron de Rabelais. Pour l'étude, il s'était surtout formé par lui-même et il avait profité de deux années de mauvaise santé, où il avait été retenu dans sa chambre, pour lire les anciens poètes grecs et latins. Une noble idée d'émulation le saisit aussitôt : pourquoi ne pas les imiter, ces grands modèles rendus à notre admiration après un si long laps d'oubli ? Mais les imiter en latin, comme la plupart le faisaient de son temps, c'était retomber dans l'ornière, c'était porter, comme on dit, l'eau à la rivière et le bois à la forêt. Pour les imiter dignement et conformément à l'esprit, c'était donc en français qu'il les fallait non pas seulement traduire, mais reproduire avec art, avec sentiment et choix, qu'il les fallait sinon transplanter tout entier, du moins renouveler par quelques-uns de leur rameaux, les faisant refleurir et fructifier à souhait par une greffe heureuse.

Il était dans ces dispositions, et toutefois il s'était mis à l'étude du droit, lorsque, revenant un jour de Poitiers, il rencontra dans une hôtellerie Ronsard, jeune également, un peu son aîné, encore inconnu et méditant lui-même sa réforme et révolution poétique ; les deux jeunes gens s'entendirent à première vue et se lièrent. Du Bellay prit même les devants et donna le premier de la trompette, soit que son *Illustration de la langue* ait paru en effet au commencement de 1549, soit qu'il faille en reporter la publication en 1550. Ce petit livre présente un moment de la langue. L'ouvrage est divisé en deux livres : le premier, plus général, sur la langue française et ses ressources ; le second, plus particulier et s'appliquant au poète et à la poésie. On est frappé de quelques contrastes et contradictions même : dans l'édition de 1561, ce sont des distiques grecs de Jean Dorat qui sont en tête et par lesquels le savant maître félicitait Du Bellay de son apologie de la langue française. Pourquoi cette félicitation en grec, et non en français ? Cette contradiction piquante exprime bien la confusion du temps. On ne se débarrasse pas du jour au lendemain des habitudes invétérées et les générations, quoi qu'elles en aient, demeurent enchevêtrées plus qu'elles ne le voudraient les unes dans les autres. L'imitation des Anciens, même à cette heure d'émancipation, se marque à chaque pas ; Du Bellay, en s'affranchissant par un côté, reste assujetti par l'autre.

Il importe, pour apprécier équitablement cette tentative, qui fut celle de tous les jeunes esprits doctes et généreux d'alors, de se mettre au point de vue de cette génération-même qui entra sur la scène vers 1550. La littérature française était sortie de l'enfance et avait eu sa floraison, son développement, sa maturité relative ; poétiquement, une belle et grande végétation s'était produite sur une très vaste étendue, à savoir l'épopée historique, héroïque. Faute d'un grand poète comme Homère ou comme le puissant rhapsode qui, de loin, nous donne l'idée d'un Homère, faute d'un poète supérieur qui pût, sinon fixer la langue, du moins la montrer et l'attester à jamais par une œuvre vivante, on alla à la dérive ; on en vint par degrés au dégoût et au mépris pour un genre usé qui tombait dans un romanesque affadissant ; puis l'oubli arriva. C'est alors que, sur le déclin du Moyen Âge, un poème qui ne semblait point destiné d'abord à la grande fortune qu'il eut depuis, le *Roman de la rose*, causa parmi les esprits cultivés une vive distraction et apporta dans le courant des idées poétiques une perturbation étrange ; ce qui n'était d'abord qu'un accident devint l'occasion d'un entraînement général, d'une véritable révolution dans le goût. Cette vogue usurpée, imméritée, presque inexplicable du *Roman de la rose*, et l'imitation à satiété qui en fut la conséquence, jetèrent l'esprit français dans une route de traverse où il s'empêcha et s'empêtra durant près de deux siècles. Les piquantes ballades Villon et ses refrains spirituels n'avaient fait que rompre un moment la tradition monotone. Le commun des versificateurs, à la fin du quinzième et au commencement du seizième siècle, croupissait encore sur d'ennuyeuses variations de l'éternelle allégorie. Malgré l'épuration sensible qui s'était faite dans notre poésie depuis Marot et l'aisance aimable qu'il y avait introduite, on n'était point décidément sorti de la fausse voie qui avait ramené notre langue poétique à une sorte d'enfance et qui semblait confiner notre invention dans un cercle de puérilités pédantesques : pour remettre les choses de l'esprit en digne et haute posture, il était besoin d'une entreprise, d'un coup de main vaillant dont Marot et ses amis n'étaient pas capables, de ce que j'appelle un coup de collier vigoureux. Il ne fallait pas moins qu'un tel effort et bien concerté pour couper court à la routine et se tirer une bonne fois de la vieille ornière.

La poétique de Du Bellay peut être considérée, en ce sens, comme une machine un peu mécanique et artificielle, animée pourtant d'un beau feu et panachée d'une belle flamme ; elle aida puissamment à déblayer le terrain, à faire le champ net et à remettre la langue et la littérature dans une large voie classique, régulière. Le livret de Du Bellay a amorcé la voie qui, agrandie avec le temps et aplanie, et le génie de la France s'en mêlant, est devenue la route royale de Louis XIV. Comment reprocher à des hommes de vingt-cinq ans qui, en présence d'une littérature contemporaine futile, fade, puérile, triviale ou sophistiquée, viennent de se plonger dans ces belles lectures de l'Antiquité dont l'art de l'imprimerie ressuscitait les textes désormais tout grands ouverts et accessibles, comment leur reprocher d'en être tout remplis, d'en vouloir communiquer l'émotion généreuse, d'en vouloir verser la sève et comme transfuser le sang dans une langue moderne qui, à cette date (je ne parle ni de Rabelais, ni de sa prose), laissait si fort à désirer pour les vers et pour toute élocution sérieuse, élevée ? Comment ne pas respirer l'air où l'on est né et où l'on vit ? Le moment étant donné, l'honneur des jeunes et vigilants esprits est alors de ne pas rester en arrière. Ce fut le cas de Du Bellay et de ses jeunes amis. Son *Illustration* est la première étape marquée dans cette marche recommençante de notre langue ; les petits traités, si prisés, d'Henri Estienne ne sont venus qu'après.

En ce qui est de la langue, nous assistons à l'effort de Du Bellay et de ses amis pour l'avancer, pour l'illustrer, pour la rehausser d'ornements, de figures, pour lui donner la trempe et l'éclat. Du Bellay a sur l'origine des langues une idée fausse, abstraite, rationnelle : *Les langues*, dit-il, *ne sont nées d'elles-mêmes en façon d'herbes, racines et arbres, les unes infirmes et débiles en leurs espèces, les autres saines et robustes, et plus aptes à porter le faix des conceptions humaines ; mais toute leur vertu est née au monde du vouloir et arbitre des mortels.* C'est déjà la doctrine du rationalisme appliqué aux langues. Les estimant toutes de même valeur à l'origine, il attribue toute la différence à l'industrie et à la culture. Cette idée de Du Bellay est déjà une idée à la Descartes, à la Condillac, à la Condorcet. C'est précisément le contraire qui est vrai historiquement : les langues sont nées *comme plantes et herbes*, avec toutes sortes de diversités, et la fantaisie des hommes qui s'y joue ne peut tirer d'elles, en définitive, que ce qu'elles permettent et ce qu'elles contiennent. Mais Du Bellay ne pouvait deviner une science de linguistique qui ne datera que du dix-neuvième siècle, et il est peut-être bon que la force humaine, la faculté d'initiative de chacun s'exagère sa vertu et son pouvoir pour arriver et atteindre à tout son effet, à tout son talent. Il va donc plaider résolument pour la suffisance du français contre ceux qui la nient. Il plaidera près des savants eux-mêmes et de ceux dont il partage l'admiration pour l'Antiquité : il veut la Renaissance, toute la Renaissance, mais il se sépare de ceux qui la veulent sous forme de latinité et il prétend émanciper hautement notre idiome vulgaire et lui donner droit de cité à son tour.

Il est faible et presque nul sur les origines gauloises de la langue. Il ne sait pas ce qu'on n'a appris que depuis : la succession et la transformation gallo-romaine, néo-latine et romane lui échappent. Il ignore la langue du treizième siècle, cette langue si *délectable*, si en usage et en faveur dans tout l'Occident. Mais là où Du Bellay a raison, c'est dans ce qu'il dit de la richesse du latin, laquelle n'est venue que de culture, de transplantation et de greffe de rameaux grecs sur le vieux tronc primitif taillé et émondé. L'idée de traiter notre idiome vulgaire à l'aide du latin, comme le latin a été traité et perfectionné à l'aide du grec, est fort juste. Mais les traductions, si utiles et louables qu'elles soient, n'offrent qu'un moyen incomplet de dresser une langue. Sa conclusion, c'est qu'il ne faut pas traduire les poètes : qui dit *poète* dit *intraduisible.* Ce qu'il veut en présence des hauts modèles, c'est donc qu'on imite avec liberté, chaleur, émulation, non qu'on traduise. Insistant sur le grand précédent des Romains, disciples et émules des Grecs, il expose le vrai procédé de l'imitation classique, de l'imitation originale qui a prévalu depuis Térence jusqu'à Racine, le procédé de l'*assimilation.* Sa grande audace consiste dans l'art de l'imitation, et à savoir bien la placer, à ne pas l'aller mettre en lieu trop bas, trop prochain ou trop facile. Aux Anciens l'invention, soit : ç'a été leur lot et leur gloire ; aux Modernes l'imitation, puisqu'il ne leur reste que cela, mais du moins une imitation fine et rare. En ce qui est du français, de cette langue qui n'est ni ronflante, ni étranglée, ni fredonnée, ni sifflante, et qui se prononce sans qu'on ait à se tordre et déformer la bouche, il se rabat à croire qu'à la bien manier et appliquer, on peut, sinon égaler les Anciens, du moins leur succéder dignement.

L'histoire qu'il essaye de tracer de notre ancienne poésie française est courte et défectueuse, comme le sera celle que plus tard donnera Boileau ; le *Roman de la rose* est son bout du monde. Il ne sait plus les hautes origines. Il prend la tradition par où il peut, c'est là son côté faible. Il apostrophe le poète nouveau ; il lui ordonne de sortir des chemins battus, de pendre une bonne fois au croc toutes ces vieilles formes, ces défroques de poésies surannées et usées ; il le convie aux genres élevés, à l'ode conçue à l'antique, à la satire entendue moralement, aux *plaisants* épigrammes, au sonnet d'invention italienne, à l'églogue d'après Théocrite et Virgile. Si les rois et les pouvoirs publics s'y prêtaient, il aimerait à voir tenter derechef la comédie et la tragédie, à l'exclusion des farces et moralités qui occupent et usurpent les tréteaux. Il s'adresse aussi aux prosateurs et les exhorte, en recueillant les fragments de vieilles chroniques françaises, à en bâtir le corps entier d'une belle histoire à la Tite-Live, à la Thucydide. Après s'être laissé emporter un peu loin à ses prédictions et à son enthousiasme, Du Bellay revient à de plus humbles et plus particuliers conseils ; il se rabat à des soins de diction ; il fait preuve de mesure lorsqu'il dissuade son poète d'user en français de noms propres latins ou grecs, qui font dans le discours un effet criard, comme *si tu appliquais une pièce de velours vert à une pièce de velours rouge*. Il veut qu'on évite la bigarrure, que l'on soit français en français. Au reste, il ne prescrit rien d'absolu, il engage à essayer : excellent maître de diction poétique à une époque où rien n'était fixé encore, il est pour les hardiesses d'alliances, pour les périphrases poétiques et bien trouvées.

Si, au sortir de la lecture de l'*Illustration*, nous ouvrons le petit volume de poésies qu'il se hâta de publier dans le même temps, nous tombons de haut. Ce premier recueil de l'*Olive*, qui se composait principalement de cinquante sonnets à la louange d'une maîtresse, destinée par son nom à faire le pendant de Laure, parut à la date de 1549 et devança de quelques mois la Défense et illustration. Si nous n'avions autre chose de Du Bellay que cette *Olive* et les quelques pièces lyriques qu'il y a jointes, nous serions embarrassés de lui accorder aucun avantage décisif sur Marot. Mais n'allons point nous amuser à épeler de nouveau Du Bellay pour les quelques bons vers ou les quelques passables strophes de sa première manière ; c'est dans sa seconde qu'il devient tout à fait lui-même ; croyant la gageure perdue et détendant son effort, il se mit à chanter pour lui et pour quelques-uns dans une note plus voisine de son cœur. Du moment qu'il tâcha moins, il réussit mieux. Du Bellay n'atteint le meilleur de sa manière que quand son système s'est détendu. Cette forte éducation poétique va lui servir jusque dans ses heures de facilité.

Au lendemain de ses débuts, au milieu de son premier succès d'école et d'amis, il avait quitté Paris et la France, il était parti pour l'Italie à la suite de son cousin, le cardinal du Bellay, qui se l'était attaché. Ce séjour de quelques années à Rome, fécond en mécomptes et en ennuis, lui suggéra ses meilleurs vers :

Nouveau venu qui cherches Rome en Rome
Et rien de Rome en Rome n'aperçois.

Le recueil des *Regrets*, qui date de ce séjour de Rome, se compose d'une suite de sonnets familiers et naturels. Les *Regrets*, si on les compare surtout à ses précédentes poésies à demi allégoriques et fictives de l'*Olive*, justifient tout à fait ces paroles de Gœthe à Eckermann, qui sont un article essentiel de la poétique moderne : *Tous les petits sujets qui se présentent, rendez-les chaque jour dans leur fraîcheur ; ainsi vous ferez de toute manière quelque chose de bon, et chaque jour vous apportera une joie... Toutes mes poésies sont des poésies de circonstance : elles sont sorties de la réalité et elles y trouvent leur fonds et leur appui. Pour les poésies en l'air, je n'en fais aucun cas.* Les *Regrets* de Du Bellay ne sont plus des poésies en l'air.

La première curiosité épuisée, il n'a pas tardé à éprouver le vide de la patrie, le mal de l'absence. Cette protection si ambitionnée et si précieuse de son parent le cardinal ne l'avait mené qu'à être son homme d'affaires à Rome, l'intendant et l'économe de sa maison. Du Bellay a conscience que sa muse se mésallie à ce commerce. Se voyant attelé journellement à des emplois qui sont au rebours de son génie, il obéit à la nécessité, mais il en souffre. Il désapprend, dit-il, à parler français. Mais le talent était venu et le poète était mûr : c'est au moment où il a le plus l'air de se décourager qu'il entre en pleine possession de lui-même et du genre où il est maître. Semblable en cela à Ulysse, il est arrivé, il a abordé à Ithaque et tout d'abord il ne la reconnaît pas. Je ne sais point de plus beau sonnet en ce genre élégiaque que le seizième des *Regrets*, et qui paraît adressé à Ronsard :

Las ! et nous cependant, nous consumons notre âge
Sur le bord inconnu d'un étrange rivage
Où le malheur nous fait ces tristes vers chanter,

Comme on voit quelquefois, quand la mort les appelle,
Arrangés flanc à flanc parmi l'herbe nouvelle,
Bien loin sur un étang trois cygnes lamenter.

Du Bellay, venu à Rome par hasard, antipathique et rebelle par système à la poésie latine, y fut pris et devint lui-même une preuve de cette fascination de la Renaissance. Heureusement pour sa renommée, il ne s'y abandonna qu'à demi. Si, dans l'élégie intitulée *Patriæ desiderium*, il sut chanter en un latin agréable les souvenirs de l'Anjou, de son cher Liré et des rives de Loire, il fit mieux d'y revenir en français et je ne sais pas de meilleure leçon de goût pour un jeune poète que de lui donner à lire la pièce latine, si élégante, de Du Bellay en mettant à côté et en regard le même tableau qu'il a rendu en français dans ce petit chef-d'œuvre qu'on peut appeler le roi des sonnets :

Heureux qui, comme Ulysse, a fait un beau voyage,
Ou comme cestui-là qui conquit la Toison
Et puis est retourné, plein d'usage et raison,
Vivre entre ses parents le reste de son âge !

Quand reverrai-je, hélas ! de mon petit village
Fumer la cheminée ? Et en quelle saison
Reverrai-je le clos de ma pauvre maison,
Qui m'est une province, et beaucoup davantage ?

Plus me plaît le séjour qu'ont bâti mes aïeux
Que des palais romains le front audacieux ;
Plus que le marbre dur me plaît l'ardoise fine,

Plus mon Loire gaulois que le Tibre latin,
Plus mon petit Liré que le mont Palatin
Et plus que l'air marin, la douceur angevine.

Du Bellay revint en France par Urbin, Ferrare, Venise, la Suisse et les Grisons, qu'il a décrits et maudits en passant. Venise elle-même ne l'avait pas enchanté, et le doge et les magnifiques seigneurs y ont attrapé un sonnet de sa main et de la bonne encre, un pasquin des mieux lardés qui reste comme une parodie de leur fastueuse grandeur. Genève n'est pas épargnée non plus. Du Bellay était dans cette disposition d'esprit aigrie et irritée où il n'y a de guérison que l'embrassement des amis et le bain de l'air natal.

Poétiquement, il employa les années qui suivirent son retour à mettre en ordre ses derniers vers et à les publier : vers français, vers latins, il donna tout. Cependant, il n'avait pas quitté le service du cardinal son parent. Cette Éminence, en lui accordant un congé et en le relevant de ses fonctions domestiques à Rome, lui avait confié le soin de ses nombreuses affaires en France. Il fut dénoncé au Cardinal pour ses recueils de vers récemment publiés, et d'abord pour ses sonnets des *Regrets*, qu'on présenta comme indignes de la gravité ecclésiastique et comme faits pour compromettre la Révérendissime Éminence dont il était le serviteur et envers laquelle, par ses plaintes rendues publiques, il se serait montré malignement ingrat. Ce patron si loué m'a bien l'air de n'avoir jamais assez apprécié, du sein de ses grandeurs, celui qui se donnait à lui.

La santé de Du Bellay était totalement ruinée dans les dernières années de sa vie. Une vieillesse précoce l'avait atteint et l'assiégeait dans ses organes. Une surdité absolue ne lui permettait, vers la fin, de communiquer avec le monde que par écrit. Il semble qu'il ait eu le pressentiment de sa fin prochaine et qu'il se soit hâté de recueillir toutes ses gerbes avant de partir. Épuisé de santé, de peines et de travail, Du Bellay mourut le jour même du 1er janvier 1560. [Il] n'avait guère que trente-cinq ans.

En disparaissant à cette heure critique du siècle, il ne vit pas, du moins, les guerres civiles si fatales à la Muse, la discorde au sein de sa propre école poétique ; il n'eut point à prendre parti entre protestants et catholiques et à chanter peut-être, comme plus d'un de la Pléiade, à célébrer en rimes malheureuses des journées et des nuits de néfaste mémoire. Son titre principal est l'*Illustration*, dans laquelle il a souvent devancé et anticipé la théorie d'André Chénier, cet autre précurseur ardent, tombé également avant l'âge.

Avril, juin et août 1867. *Nouveaux lundis*, t. XIII, pp. 267-356

Froissart

Froissart n'est peut-être pas un grand historien, du moins c'est un admirable chroniqueur et le plus bel exemple du genre ; c'est en narration le plus grand prosateur du quatorzième siècle.

Jean Froissart, prêtre, chanoine et trésorier de l'église collégiale de Chimay, historien et poète, naquit à Valenciennes, en Hainaut, en 1333 et ne mourut qu'âgé de plus de soixante ans et dans le quinzième siècle. Il fut le contemporain des règnes de Jean le Bon et de Charles V et d'une grande partie de celui de Charles VI, époque agitée, souvent malheureuse et dans laquelle il trouva moyen de ne prendre que son plaisir. Son père, qui s'appelait Thomas, était peintre d'armoiries : l'enfant put épeler de bonne heure tous ces blasons de famille qu'il devait, à sa manière, si bien illustrer un jour.

Enfant, il aimait toutes sortes de déduits et d'ébats et il s'attachait par instinct aux gens riches, à ceux qui tenaient grand état de chasse, faucons et meutes, ce qui lui semblait le signe d'une noble inclination. Il n'avait aucun mépris pour le *métal* et il ne s'en cache pas. À peine à l'école, quand il était avec les petites filles de son âge, il se piquait d'être empressé, attentif auprès d'elles ; il se demandait quand il pourrait tout de bon faire le métier d'homme galant, courtois, *amoureux*, ce qui, dans le langage du temps, était synonyme d'homme *comme il faut*. Froissart a de bonne heure son idéal : les grands romans de chevalerie, les grands exploits des siècles précédents, qui se renouvellent en ce siècle, ont mis en circulation une certaine idée d'honneur et de courtoisie ; il en est épris ; elle a relui sur son berceau. Quand il est un peu plus assagi et qu'on le met au latin, on a besoin de le *battre* plus d'une fois pour le contraindre. Il le rendait bien à ses compagnons et le futur chanoine, tantôt battant et tantôt battu, s'en revenait à la maison, les *draps* ou habits tout déchirés, comme un jeune du Guesclin. On avait beau le punir, on n'y gagnait rien. Nature avant tout sociable, il ne pouvait demeurer seul un moment : dès qu'il voyait passer ses compagnons par le chemin, il courait à eux et les rejoignait.

Pris d'une passion très vive pour une personne qu'il a chantée et qu'il ne pouvait obtenir, il quitta son pays pour se distraire et passa en Angleterre, à la Cour de la reine Philippa de Hainaut, femme d'Édouard III. Messire Robert de Namur, seigneur de Beaufort, parent et allié de cette reine, avait déjà engagé Froissart, qui semble avoir été un moment de ses domestiques, à écrire l'histoire des guerres de son temps, et n'avait pas eu de peine à l'y décider. Pendant la traversée en Angleterre, le jeune homme pensait plus volontiers à la poésie qu'à autre chose et, malgré le mauvais temps et sans se soucier de la grosse mer qu'il faisait, il ne songeait qu'à finir un rondeau pour sa dame. Il ne devait pas mourir de son mal : il était de nature à s'en vite consoler. Il a dit de lui-même qu'au bruit du vin qu'il entend verser de la bouteille, au fumet des viandes appétissantes qu'il voit servir sur les tables, *son esprit se renouvelle*, et qu'il se renouvelle encore à voir chaque fleur en sa saison et les chambres éblouissantes de lumières pendant les longues veilles. Un tel esprit ne devait pas engendrer longtemps mélancolie, ni se laisser mourir d'amour. Nature légère, enjouée, musarde, curieuse, il prenait à toute chose ; rien ne lui était bagatelle. Une fois appliqué à l'histoire, à la chronique contemporaine, il va trouver sa pâture et faire merveille.

Soit à ce premier voyage, soit à un second qu'il fit en Angleterre peu de temps après, il portait déjà une partie de sa *Chronique* compilée pour l'offrir à sa compatriote, la reine Philippa de Hainaut. Elle reçut Froissart gracieusement, l'attacha à son service et lui donna part à sa familiarité ; elle lui commandait souvent des vers (virelais et rondeaux) ; il avait titre *clerc* de la Chambre de la Reine et, de plus, il était *de l'hôtel* du Roi, comme on disait, et de celui de plusieurs grands seigneurs et chevaliers, c'est-à-dire qu'il en recevait des cadeaux et qu'il mangeait chez eux quand il lui plaisait. Le premier soin de Froissart et son plus grand plaisir au milieu de cette Cour, dans la fréquentation de ces nobles et grands seigneurs et de leurs écuyers, fut de s'enquérir avec détail de tous les événements mémorables et de toutes les particularités qui pouvaient lui servir à dresser son histoire.

L'histoire alors était un luxe ; elle supposait des voyages coûteux, des fréquentations illustres, des relations étendues ; ne s'y appliquait pas qui voulait : c'était comme un office noble attenant aux seigneuries. Louons Froissart d'avoir compris et embrassé dans toute son ampleur sa fonction de *chroniqueur*, qui était le véritable rôle de l'historien d'alors. De la critique, de la philosophie même, en histoire, il en faut sans doute quand il y a moyen d'en mettre ; mais la critique suppose le choix, la comparaison, la libre disposition de nombreux matériaux antérieurs. Ce qui était le plus important à l'âge et à l'époque de Froissart, c'était précisément d'amasser ces matériaux, de les posséder et de les disposer dans toute leur étendue et dans leur richesse ; et c'est ce qu'il a fait avec un zèle, une ardeur infatigables, et avec un sentiment élevé du service qu'il rendait à ses contemporains et à la postérité en conservant ainsi la mémoire des grands événements et des nobles prouesses.

Il comprit à première vue qu'il n'y avait que la prose qui pût suffire à embrasser ainsi et à porter à l'aise tous ces événements et, malgré la facilité qu'il avait à rimer, il se garda bien d'aller emprisonner sa *Chronique* dans des rimes. L'âge des chansons de geste était proprement passé et la grande chanson de geste contemporaine du quatorzième siècle devait être la chronique pure, la chronique émancipée, et elle devait s'écrire en belle, facile et abondante prose. Le sentiment de *délectation*, très sensible chez Froissart dans la composition de son histoire et dans l'acquisition de tout ce qui peut y servir, le caractérise entre tous ses pareils et fait de lui le chroniqueur par vocation et par excellence. C'est bien de lui qu'on peut dire qu'il ne plaint aucune fatigue ni aucune dépense pour obtenir ses résultats. S'il y a en Écosse ou ailleurs au loin quelque chevalier qui peut le bien renseigner sur tel ou tel fait de guerre qui s'est passé en ces pays étrangers, messire Jean Froissart monte à cheval, sur son cheval gris, et tenant un blanc lévrier en laisse, il va interroger et questionner quiconque le saura compléter sur une branche d'événements qu'il ignore. Aussi est-il partout presque à la fois et jamais ne vit-on voyageur plus multiplié, plus infatigable : tantôt à la suite du prince de Galles à Bordeaux, tantôt à Melun, tantôt à Milan, à Bologne, à Rome, tantôt à Auch ou à Orthez, puis en Hollande, et à travers tout cela de temps en temps en Hainaut où il obtient une cure. Cela ne l'oblige guère et il ne cesse de vaquer, par monts et par vaux, à l'accroissement et à l'*engrossement* de son trésor. Cette curiosité en tous sens, et qui ne se lassait jamais, équivalait à une impartialité véritable ; car dès qu'il sentait qu'une information lui manquait, il ne pouvait s'empêcher d'aller s'en enquérir et, dès qu'il savait le fait nouveau, il le couchait par écrit à l'instant. C'est ainsi qu'en 1388, il profite d'une paix qui vient de se conclure dans le nord pour aller dans le Midi, à la Cour de Gaston Phébus, comte de Foix et de Béarn : car il sait qu'il trouvera là nombre de guerriers qui apprendront les choses d'Espagne, de Portugal et de Gascogne, dont il a affaire. Froissart se met en route en plus respectable état que jamais et il n'a pas moins de quatre lévriers en laisse, qu'il va offrir au comte Gaston, grand amateur de chasse.

Le comte de Foix ne l'a jamais vu, mais il le connaît de réputation et a bien souvent entendu parler de lui. Il l'accueille donc à merveille, le salue de prime abord en bon langage français et le loge en son hôtel. Pendant ce séjour à Orthez, Froissart interroge les seigneurs et chevaliers qu'il a sous la main, et le comte lui-même, sur les grands faits d'armes arrivés de l'un et de l'autre côté des Pyrénées. À toutes ses questions, le comte de Foix répond volontiers et il promet à l'historien, pour son ouvrage, un crédit dans l'avenir et une fortune que nulle autre histoire ne lui disputera. Encouragé par un tel suffrage, Froissart s'applique de plus en plus à mettre son langage au niveau des actions qu'il a à raconter ; car il n'a rien tant à cœur que d'étendre et rehausser sa matière et d'*exemplier* (enseigner par des exemples) les bons qui se désirent avancer par les armes. Le livre de Froissart, tel qu'il le voudrait faire, c'est proprement le livre d'honneur, la Bible de chevalerie. Il rendait au comte Gaston la monnaie de son dire en lui lisant son poème de *Méliador*, le chevalier au soleil d'or. Chez Froissart, le poète de société, le trouvère à la mode, qui ne vient qu'au second plan, a pourtant son à-propos et sert à ménager les voies à l'historien.

Il est difficile qu'étant lié et obligé à tant de seigneurs, il n'ait pas payé de retour leurs bienfaits et leurs largesses, ou même simplement leurs bonnes informations, en leur accordant une trop belle place dans ses récits. Ce sont là des inconvénients inévitables ; mais l'extrême et passionnée curiosité de Froissart était une sorte de remède et de garantie contre la partialité même ; car il n'était pas homme à se boucher une oreille. Il était avide d'écouter toutes les parties. Voyez-le courir à Bruges, puis en Zélande, dès qu'il apprend qu'il y a là un chevalier portugais qui pourra lui donner sur les affaires d'Espagne des renseignements qui seront la contrepartie de ceux qu'il tient déjà des Gascons et des Castillans. C'est ce qui a fait dire de lui à Montaigne, assez pareil de nature et qui était si bien fait pour l'apprécier et le comprendre (il parle en cet endroit des historiens *simples* qui ramassent tout ce qui vient à leur connaissance et qui enregistrent *à la bonne foi* toutes choses sans choix et sans triage) :

Tel est entre autres, pour exemple, le bon Froissart qui a marché, en son entreprise, d'une si franche naïveté qu'ayant fait une faute, il ne craint aucunement de la reconnaître et corriger en l'endroit où il en a été averti, et qui nous représente la diversité même des bruits qui couraient et les différents rapports qu'on lui faisait ; c'est la matière de l'histoire nue et informe ; chacun en peut faire son profit autant qu'il a d'entendement.

Et puis, il faut se bien rendre compte de l'état de la chevalerie d'alors, de laquelle Froissart est proprement l'historien sans acception de cause et de nation. En consacrant sa plume à en retracer en tous lieux les exploits et les prouesses, il faisait un peu comme ces chefs vaillants de bandes en Italie, qui mettaient leur épée au service de qui les favorisait et les payait, sans pour cela se croire engagés à toujours et surtout sans l'être exclusivement.

Il y avait en France bien des conteurs avant Froissart, et il y en aura depuis. C'est une branche charmante et bien variée de la littérature française dès le Moyen Âge que le conte, depuis les auteurs de fabliaux jusqu'à La Fontaine, en passant par les nouvelles de la Cour de Bourgogne, par les jolis romans d'Antoine de La Salle, par les contes de Marguerite de Navarre, de Des Perriers.

C'est un genre universel, très épanoui au seizième siècle et dans lequel Boccace excelle comme Chaucer. Froissart, à certains égards, n'est qu'un conteur, mais un conteur à la plus haute puissance, s'appliquant de préférence aux faits d'armes et aux épisodes épiques, un conteur élevé à l'historien. Sans doute il ne *triait* pas beaucoup dans ce qui venait à sa connaissance, il prenait un peu de toutes mains. Les seigneurs et chevaliers avaient beau jeu à lui réciter leurs prouesses, il n'y faisait guère d'objections et, les aventures une fois entendues, il ne s'inquiétait plus ensuite que de les mettre en ordre et dans un beau jour. Cependant, il a le sentiment de la mission et de la gravité de l'histoire ; il se reproche à un certain moment d'en être descendu, d'y avoir dérogé. Il recherche jusqu'à un certain point les causes, et surtout il s'enquiert des moyens. Froissart ne se paye pas de ce qui contenterait Joinville : il en est, par moments, à vouloir connaître les causes secondes. Un siècle après, Commines remontera jusqu'aux principes politiques, aux causes premières des événements : Froissart va jusqu'à mi-chemin. Ses *Chroniques* embrassent les événements pendant les trois quarts du siècle, depuis 1325 jusqu'à 1400. On y voit l'histoire de ce qui s'est passé, pendant cette longue période, dans toutes les provinces du royaume de France ; ce qui est arrivé de considérable en Angleterre, en Écosse, en Irlande, en Flandre ; une infinité de particularités touchant les affaires des papes de Rome et d'Avignon, touchant celles d'Espagne, de Portugal, d'Allemagne, d'Italie et quelquefois même de pays plus lointains tels que Hongrie, Turquie et des pays d'outre-mer.

Quand on l'aurait présenté comme le narrateur le plus varié et le plus piquant des entreprises d'armes et de toutes les chevaleries d'alors, il y aurait à se garder encore de le trop circonscrire et de lui refuser l'intelligence du reste ; car s'il entend par excellence le fait des chevaliers et gentilshommes, il a montré dans ses récits des affaires et des troubles de Flandre qu'il n'entendait pas moins bien le tribun du peuple, le factieux de la bourgeoisie et de la commune, le chef des *chaperons blancs*, c'est-à-dire des bonnets rouges de ce temps-là.

Il y a de lui à Arras un portrait dessiné, le seul authentique. On y voit le bon chanoine déjà vieux, la figure assez marquée de rides, le nez fort, le menton fin, l'œil vif, le sourcil avancé mais la lèvre supérieure courte et la bouche entrouverte, comme s'il écoutait surtout et s'il attendait ce qu'on va lui dire. Il a la lèvre curieuse et un peu crédule. Froissart interroge, et tout ce qu'on lui dit, il l'enregistre avec amour, avec confiance, non comme un greffier, mais comme un conteur.

24 et 31 octobre 1853. *Causeries du lundi*, t. IX, pp. 63-96

Louise Labé
la Belle Cordière

Louise Labé est restée une des gloires et l'un des orgueils de Lyon : on l'y réimprime de temps en temps avec luxe, en ajoutant ou rajustant chaque fois quelque feuille verte à sa couronne. Sa vie, comme il arrive aisément pour ces gloires populaires, s'est mêlée de quelque légende. Ce qui est positif, c'est que Loyse Charlin, dite Labé, née en 1525, était fille de Pierre Charlin, dit Labé, marchand cordier. Elle reçut une éducation soignée et au-dessus de son sexe. Le souffle de la Renaissance avait passé les monts et Lyon était la première étape où l'on s'arrêtait en venant d'Italie ; Louise se ressentit du voisinage. Elle apprit le latin dès l'enfance ; elle savait l'italien et l'espagnol aussi bien que le français et jouait du luth. À seize ans, elle fit des siennes et prit son essor : elle quitta la maison paternelle et suivit une compagnie de soldats qui passait par Lyon, allant rejoindre l'armée que François Ier envoyait en Roussillon, sous le commandement du Dauphin, pour mettre le siège devant Perpignan. Elle s'y fit remarquer par sa vaillance, son adresse à gouverner un destrier et à faire le coup de lance ou d'épée. *Qui m'eût vue lors*, nous dit-elle, *m'eût prise pour Bradamante ou pour la haute Marphise, la sœur de Roger.* On l'appelait dans l'armée *le capitaine Loys.* C'est durant cette expédition qu'elle devint éprise d'un beau gendarme, celui même dont elle a fait l'objet de ses poésies amoureuses. Elle ne se maria que plus tard et elle épousa un honnête homme du même métier que son père, maître Aymon ou Ennemond Perrin. Il paraît que ce bon mari ne s'inquiéta pas trop du passé avec elle et qu'il lui laissait même dans le présent et pour l'avenir une honnête liberté. De méchantes gens se sont raillées de lui : un aimable poète du temps, ami de Joachim du Bellay, Olivier de Magny, qui vit beaucoup la belle Louise à son passage à Lyon, signifie très nettement au bonhomme qu'il connaît mieux sa femme que lui et qu'il n'est pas le seul ainsi favorisé.

Louise Labé fit beaucoup parler d'elle ; mais comme la renommée a deux voix, on reste dans un certain embarras pour accorder des médisances si explicites et si formelles avec les éloges de chasteté et de vertu que d'autres lui ont décernés. On ne s'en tire qu'à demi en disant qu'il y eut dans sa vie deux époques distinctes. Il est certain qu'elle eut une jeunesse fort émancipée et à demi virile et qu'elle trancha de l'amazone ; mais ensuite, et quelles que fussent les chansonnettes et les propos légers, il paraît bien qu'elle vécut à Lyon fort considérée, fort entourée de tout ce qu'il y avait de mieux dans la ville et de tout ce qui y passait de voyageurs savants et distingués, qui se faisaient présenter chez elle : car elle avait une maison, un *salon* ; on y faisait de la musique, on y lisait des vers, on y causait de sciences et de belles-lettres. Le recueil qu'on a des diverses pièces à sa louange forme toute une guirlande qui est comme la célèbre *Guirlande de Julie*. N'était le témoignage si particulier d'Olivier de Magny, on pourrait mépriser les propos du dehors et les bruits de la rue sur son compte, et dire qu'elle réservait désormais ses ardeurs pour ses seules poésies. C'est une thèse qui a été fort débattue et dans laquelle des biographes, tantôt malins, tantôt galants et courtois, ont pris parti pour ou contre.

Aujourd'hui la question a fait un pas ; on en sait trop long sur elle ; sa réputation reste quelque peu endommagée, difficilement réparable, et ce qu'on peut en dire de mieux, c'est qu'elle continue de flotter, un peu indécise, entre les noms d'Héloïse et de Ninon. Ce n'est pas une trop mauvaise place, littérairement parlant. Après tout, le poète chez elle n'y perd pas. Ce n'est pas une Maintenon, grâce à Dieu ! que Louise Labé ; il nous suffit de son talent, sa gloire est dans sa flamme ; et il n'y a pas lieu ici, comme avec d'autres beautés de nuance pudibonde, de venir briser chevaleresquement ou pédantesquement des lances pour une vertu qu'elle ne mettait pas si haut.

Elle savait l'italien, elle possédait cette belle littérature et je ne serais pas étonné que ce fût de là qu'elle eût tiré le fond de ce docte et ingénieux dialogue, le *Débat de Folie et Amour*. On n'en peut lire quelques pages sans être vivement frappé de la fermeté, de la netteté et de la maturité précoce et contenue de cette jeune langue du seizième siècle dans la prose, et de l'antériorité de formation de celle-ci sur les vers. Si l'on passe à la lecture des poésies de Louise Labé, on est frappé : pour quelques vers agréables, dans le genre de l'épître, et un petit nombre de sonnets passionnés, que de duretés, que de rudesses, comme la contrainte du rythme se fait sentir ! Il est vrai que quelques beaux vers, même peu nombreux, vivent plus longtemps et volent plus loin que des pages continues de bonne prose. Voici l'un de ces sonnets brûlants, exprimant les sensations errantes et variables de la passion :

Je vis, je meurs ; je me brûle et me noie.
J'ai chaud extrême en endurant froidure.
La vie m'est et trop molle et trop dure.
J'ai grands ennuis entremêlés de joie.

Tout à un coup je ris et je larmoie
Et en plaisir maint grief tourment j'endure.
Mon bien s'en va et à jamais il dure.
Tout en un coup je sèche et je verdoie.

Ainsi Amour inconstamment me mène
Et quand je pense avoir plus de douleur,
Sans y penser je me trouve hors de peine.

Puis quand je crois ma joie être certaine
Et être au haut de mon désiré heur,
Il me remet en mon premier malheur.

Ceci rappelle et l'*Ode* de Sapho, assez bien rendue, quoi qu'on en ait dit, par Boileau, et ces vers de Catulle que Fénelon donnait comme un modèle de simplicité passionnée : *Odi et amo... J'aime et je hais à la fois, etc.* Mais ce que ce vigoureux sonnet rappelle plus nécessairement encore, c'est le tableau que Louise a tracé ailleurs des mêmes symptômes amoureux et qui avait sa place tout indiquée dans le plaidoyer de Mercure, quand celui-ci réplique à Apollon en faveur de la Folie et de sa liaison si naturelle avec Amour.

Louise poète a beau faire, elle se ressent un peu de son maître lyonnais, Maurice Scève, le plus obscur et le plus âpre des doctes rimeurs du temps. Il en était ainsi d'Étienne de La Boétie, à sa manière, et les sonnets de Louise me remettent directement en mémoire le meilleur de ceux que Montaigne nous a transmis et conservés de son ami, au nombre de vingt-neuf. La Boétie, dans sa première et sa plus verte jeunesse, tout échauffé d'une belle et noble ardeur et voulant avertir celui qui le lira qu'il n'emprunte à personne, ni à Pétrarque, ni à Properce, ni à d'autres, l'expression de ses soupirs, s'écriait de la sorte, avec plus de vigueur et d'âme que d'harmonie :

Toi qui ouïs mes soupirs, ne me sois rigoureux
Si mes larmes à part toutes miennes je verse,
Si mon amour ne suit en sa douleur diverse
Du Florentin transi les regrets langoureux,

Ni de Catulle aussi, le folâtre amoureux,
Qui le cœur de sa dame en chatouillant lui perce,
Ni le savant amour du mi-grégeois[1] *Properce :*
Ils n'aiment pas pour moi, je n'aime pas pour eux.

Qui pourra sur autrui ses douleurs limiter,
Celui pourra d'autrui les plaintes imiter :
Chacun sent son tourment et sait ce qu'il endure,

Chacun parla d'amour ainsi qu'il l'entendit.
Je dis ce que mon cœur, ce que mon mal me dit.
Que celui aime peu, qui aime à la mesure !

J'ai souligné exprès trois vers très beaux. Ce sonnet de La Boétie est digne d'être mis à côté des deux ou trois sonnets de Louise Labé, pour la dureté des sons et aussi pour la flamme. Mais que la prose de La Boétie est elle-même plus coulante que ses meilleurs vers !

Un autre sonnet de Louise Labé, et celui-là vraiment immortel par l'expression comme par le sentiment, est celui qui débute ainsi :

Oh ! si j'étais en ce beau sein ravie, etc.

On le lira mieux dans le volume ; c'est comme un groupe de

1. *Mi-grégeois*, c'est-à-dire à demi grec.

marbre à ne pas détacher et à ne contempler que dans le secret du sanctuaire. Enfin, il y a ce dernier sonnet d'elle, qui est également un vœu de mort, non plus de mort au sein du bonheur, mais de mort plus triste et plus terne, quand il n'y a plus pour le cœur de bonheur possible, plus un seul reste de jeunesse et de flamme :

Tant que mes yeux pourront larmes épandre,
À l'heur[2] *passé avec toi regretter,*
Et qu'aux sanglots et soupirs résister
Pourra ma voix, et un peu faire entendre ;

Tant que ma main pourra les cordes tendre
Du mignard luth pour tes grâces chanter ;
Tant que l'esprit se voudra contenter
De ne vouloir rien fors que toi comprendre ;

Je ne souhaite encore point mourir.
Mais quand mes yeux je sentirai tarir,
Ma voix cassée et ma main impuissante,

Et mon esprit en ce mortel séjour
Ne pouvant plus montrer signe d'amante,
Prierai la mort noircir mon plus clair jour.

Et voilà de ces cris qui font vivre un nom de poète et qui ont leur écho, sans faillir, de génération en génération, tant qu'il y aura un recommencement de printemps et de jeunesse !

Une femme devant qui l'on parlait d'âge fit cette remarque : *Il n'y a qu'un âge fatal pour les femmes, c'est quand elles ne sont plus*

---

2. *Heur*, c'est-à-dire bonheur.

aimées. Louise Labé aurait dit : *Il n'y a qu'un âge fatal pour les femmes, c'est quand elles n'aiment plus.* Elle était de cette famille de poètes dont l'un, et qui était hier encore un d'entre nous, l'Enfant du siècle, s'écriait : *Le bonheur ! le bonheur ! et la mort après, et la mort avec !* Elle, au lieu du bonheur, elle disait : *La passion ! la passion !* Mais elle avait de ces mêmes cris, de ces mêmes sanglots. Le même démon familier lui soufflait dans ses nuits d'insomnie : *Tout se flétrit, tout passe, ayons eu au moins, dans cette fuite rapide, un moment de pleine vie.* Et ce moment, plus heureuse que d'autres, elle l'a consacré dans des vers qui nous sont arrivés tout brûlants après trois siècles, et que répétera l'avenir.

Honneur donc et place à part entre les poètes du seizième siècle à la Belle Cordière, à cette *nymphe ardente du Rhône,* comme on l'a appelée, dont les vers, paraissant dans le temps du premier lever de la Pléiade, n'en dépendent pas, n'en relèvent pas et ne connaissent d'autre astre que l'étoile de Vénus ! Elle ne se range dans aucun compartiment d'école, dans aucune classification. Le foyer était au cœur du poète.

Louise Labé ne passa guère quarante ans ; on ne sait pas exactement la date de sa mort, on n'a que celle de son testament (28 avril 1565). Tant qu'elle vécut de sa vraie vie et qu'elle fut elle-même, c'était une aimable païenne de la Renaissance ; aux approches de la mort, si l'on en juge par les formes et la teneur dudit testament, elle fut reprise et ressaisie par tous les liens et toutes les nécessités de la coutume. On ne la voit plus qu'entre le prêtre et le notaire. Seulement on distingue encore, à la nature de ses legs et donations, bien de la bonté ; mais plus rien de l'ancien poète ne transpire : le voile funèbre s'abaisse et nous le dérobe.

Si elle avait vécu plus longtemps, comment aurait-elle pris cette âge, l'âge *argenté,* qui est déjà celui du déclin ? Qu'aurait-elle senti ? Aurait-elle continué de gémir et de crier tous ses sanglots comme une Valmore ? Y aurait-il eu un jour, une heure où, regardant au fond de ce cœur trop confiant en sa flamme, elle l'eût trouvé changé, refroidi, presque méconnaissable ?

23 février 1868. *Nouveaux lundis*, t. IV, pp. 298-317

Montaigne

Il n'y a guère plus de trente ans que, lorsqu'on avait à parler du seizième siècle, on en parlait comme d'une époque *barbare*, en ne faisant exception que pour le seul Montaigne : il y avait là erreur et ignorance. Le seizième siècle était un grand siècle, fécond, puissant, très savant, déjà très délicat par portions, quoiqu'il soit bien rude et violent et qu'il ait l'air encore grossier par bien des aspects. Ce qui lui manquait surtout, c'était le goût, si l'on entend par *goût* le choix net et parfait, le dégagement des éléments du beau. Mais ce goût-là, dans les âges suivants, est trop vite devenu du dégoût. Pourtant, si en littérature il est indigeste, dans les arts proprement dits, ceux de la main et du ciseau, même en France, le seizième siècle est fort supérieur par la qualité du goût aux deux siècles suivants ; il n'est ni maigre ni massif, ni lourd ni contourné. En art, il a le goût riche et fin, libre à la fois et compliqué, antique tout ensemble et moderne, tout à fait particulier et original. Dans l'ordre moral, il reste inégal et très mélangé. C'est le siècle des contrastes, et des contrastes dans toute leur rudesse, siècle de philosophie déjà et de fanatisme, de scepticisme et de forte croyance. Tout s'y entrechoque, s'y heurte ; rien ne s'y fond encore et ne s'y nuance. Tout y fermente, il y a chaos ; chaque coup de soleil y fait orage. Ce n'est pas un siècle doux ni qu'on puisse appeler un siècle de lumières, c'est un âge de luttes et de combats. La grande singularité de Montaigne, et ce qui fait de lui un *phénomène*, c'est d'avoir été la modération, le ménagement et le tempérament même en un tel siècle.

Né le dernier jour de février 1533, nourri dès l'enfance aux langues anciennes tout en se jouant, éveillé même dès le berceau au son des instruments, il semblait avoir été élevé moins pour vivre dans une rude et violente époque que pour le commerce et le *cabinet des Muses.* Son rare bon sens corrigea ce que cette première éducation pouvait avoir d'un peu trop idéal et de trop poétique ; et il n'en garda que cette habitude heureuse de tout faire et de tout dire avec fraîcheur et gaieté. Marié après trente ans à une femme estimable qui fut vingt-huit années sa compagne, il paraît n'avoir porté de passion que dans l'amitié. Il a immortalisé la sienne pour cet Étienne de La Boétie qu'il perdit après quatre années de l'intimité la plus douce et la plus étroite. Quelque temps conseiller au Parlement de Bordeaux, Montaigne se retira avant quarante ans du train des affaires et de l'ambition pour vivre chez lui, dans sa tour de Montaigne, jouissant de lui-même et de son esprit, adonné à ses observations, à ses pensées et à cette paresse occupée dont nous savons jusqu'aux moindres jeux et aux fantaisies.

La première édition des *Essais* parut en 1580, composée de deux livres seulement et dans une forme qui ne représente qu'une première ébauche de ce que nous avons par les éditions suivantes. Cette même année, Montaigne partit pour faire un voyage de Suisse et d'Italie. C'est pendant ce voyage que Messieurs de Bordeaux l'élurent maire de leur ville. Il refusa d'abord et s'excusa ; mais bientôt, mieux averti et sur le commandement du Roi, il accepta cette charge *d'autant plus belle*, dit-il, *qu'elle n'a ni loyer ni gain, autre que l'honneur de son exécution.* Il l'exerça durant quatre années, depuis juillet 1582 jusqu'en juillet 1586, ayant été réélu après les deux premières années. Montaigne, âgé de cinquante ans, rentrait donc dans la vie publique un peu malgré lui et à la veille des troubles civils qui, apaisés et sommeillant depuis quelque temps, allaient renaître plus terribles au cri de la Ligue.

Montaigne se garde bien de se croire né dans la pire des époques. Il ne ressemble pas aux gens préoccupés et frappés qui, mesurant tout à leur horizon visuel, estimant tout d'après leur sensation présente, croient toujours que la maladie qu'ils ont est la plus grave que jamais la nature humaine ait éprouvée. Lui, il est comme Socrate qui ne se considérait pas comme citoyen d'une seule ville, mais du monde ; il embrasse d'une imagination pleine et étendue l'universalité des pays et des âges ; il juge plus équitablement les maux mêmes dont il est témoin et victime. Et élevant de plus en plus sa pensée et son cœur, réduisant sa propre souffrance à ce qu'elle est dans l'immense sein de la nature, s'y voyant non plus seulement soi, mais des royaumes entiers, comme un simple point dans l'infini, il ajoute en des termes qui rappellent d'avance Pascal, et dont celui-ci n'a pas dédaigné d'emprunter le calque et le trait : *Mais qui se représente comme dans un tableau cette grande image de notre mère Nature en son entière majesté ; qui lit en son visage une si générale et constante variété ; qui se remarque là-dedans, et non soi, mais tout un royaume, comme un trait d'une pointe très délicate, celui-là seul estime les choses selon leur juste grandeur* (*Essais*, livre I, chap. XXV).

Montaigne, lorsqu'il apprit sur la fin de son voyage d'Italie, aux bains de Lucques, son élection inopinée à la mairie de Bordeaux, n'était nullement étranger aux fonctions publiques. Il avait été autrefois conseiller au Parlement, et durant treize années. Il en était sorti en 1570 et avait déposé sans regret la robe pour reprendre l'épée de ses pères. Montaigne s'honora fort, et avec raison, de [sa] charge de maire. Il semble vraiment que, comme Alexandre fit pour la bourgeoisie de Corinthe, il n'ait accepté lui-même la mairie de Bordeaux que quand il connut que des maréchaux de France ne l'avaient pas dédaignée. Le fait est que c'était une charge très honorable et considérable que d'être maire de Bordeaux. Le maire était pris d'ordinaire parmi les nobles de haute qualité, *parmi les plus vaillants et capables seigneurs du pays.* Il montait à cheval selon les occurrences, ayant une compagnie dressée pour pourvoir aux désordres en temps de paix et de guerre. Si le maire de Bordeaux avait quelque chose de plus militaire que les maires des autres cités, le bourgeois de Bordeaux était aussi plus militaire, plus près du gentilhomme que les autres bourgeois. Les Bordelais avaient des privilèges dont ils étaient fiers et jaloux. Au quinzième siècle, le bourgeois de Bordeaux avait le droit de porter toujours des armes ; il ne reconnaissait pour chef militaire que le maire. Condamné au dernier supplice, il avait l'honneur d'être décapité comme les gentilshommes. Le bourgeois de Bordeaux n'était aucunement taillable ; il pouvait tenir tous biens noblement, etc. Ces prérogatives et privilèges, maintenus et respectés par les rois d'Angleterre pendant leur domination en Guyenne, ne le furent pas autant par les rois de France, malgré leur première promesse. On sait ce que fit le connétable de Montmorency en 1548 : envoyé par le Roi pour châtier une rébellion et venger le meurtre du gouverneur de Bordeaux, Monneins, son propre parent, qui y avait péri odieusement massacré, il arriva devant cette ville enflammé de colère, n'y voulut entrer que par la brèche et en ennemi, après avoir fait abattre trente toises de muraille, désarma les bourgeois, en envoya cent cinquante au dernier supplice ; et en outre, il fit dresser un épouvantable arrêt par le maître des requêtes Étienne de Nully, le plus violent des hommes, arrêt par lequel il interdit le Parlement, fit enlever toutes les cloches de la ville, supprima les privilèges des bourgeois, les contraignit d'en brûler eux-mêmes les titres et chartes, et de plus ils durent déterrer le corps du gouverneur Monneins *avec leurs ongles*, aller en habits de deuil devant le logis du connétable lui crier miséricorde et lui payer, en fin de compte, 200 mille livres pour les dépenses de son armée. Le spectacle de cette entrée épouvantable et de cette exécution laissa une longue horreur imprimée aux âmes et, quand on lit ensuite le traité de *la Servitude volontaire* d'Étienne de la Boétie, ami de jeunesse de Montaigne, on ne peut s'empêcher d'y reconnaître un profond sentiment de représailles, autant et plus peut-être qu'un ressouvenir et une imitation de l'Antiquité. Le récit de l'entrée du connétable à Bordeaux est la préface indispensable à lire au traité de La Boétie. De tels royalistes font de tels républicains.

Cependant il y avait eu réparation et en grande partie réintégration depuis. Les traces de l'exécution terroriste de 1548 avaient disparu peu à peu. La grande cloche de la ville avait retrouvé sa voix en 1561 ; son silence, qui rappelait une grande calamité publique, avait cessé. Le reste des honneurs et privilèges avait été rendu, ou à peu près. C'est à cette mairie dès longtemps restaurée et remise en son lustre que Montaigne fut élu, et dans des circonstances et avec des particularités si honorables et si flatteuses pour lui.

En entrant en charge, Montaigne a bien soin de prévenir Messieurs de Bordeaux pour qu'ils ne s'attendent pas à trouver en lui plus qu'il n'y a en effet ; il s'expose à eux sans apprêt : *Je me déchiffrai fidèlement et consciencieusement*, dit-il, *tout tel que je me sens être ; sans mémoire, sans vigilance, sans expérience et sans vigueur ; sans haine aussi, sans ambition, sans avarice et sans violence.* Il serait bien fâché, tout en prenant en main les affaires de la ville, de les prendre si à cœur qu'il l'a vu faire autrefois à son digne père, lequel y perdit à la fin sa tranquillité et sa santé. *Cet engagement âpre et ardent d'un désir impétueux* n'est pas de son fait. Son opinion est qu'*il se faut prêter à autrui et ne se donner qu'à soi-même.* Et redoublant sa pensée, selon son usage, par toutes sortes d'images et de formes familières et pittoresques, il dira encore que, s'il se laisse quelquefois pousser au maniement d'affaires qui lui sont étrangères, il promet *de les prendre en main, non pas au poumon et au foie.* Ainsi, M. le maire et Montaigne seront toujours deux personnes distinctes ; il se réserve sous sa charge et sous son rôle une certaine liberté et sécurité secrète. Il continuera de juger des choses à sa guise et avec impartialité, même en agissant loyalement pour la cause qui lui est confiée. Il sera loin d'approuver et même d'excuser tout ce qu'il voit dans son parti, et de même chez l'adversaire il saura bien discerner et dire : *Il fait méchamment cela, et vertueusement ceci. – Je veux*, ajoute-t-il, *que l'avantage soit pour nous, mais je ne forcène point [je ne me mets point hors de moi] s'il ne l'est. Je me prends fermement au plus sain des partis, mais je n'affecte pas qu'on me remarque spécialement ennemi des autres.* Les chefs des partis alors en présence, les trois Henri, étaient gens de renom et considérables à divers titres : Henri, duc de Guise, chef de la Ligue ; Henri, roi de Navarre, chef opposé, et le roi Henri III, au nom de qui Montaigne était maire et qui oscillait entre les deux. Quand les partis n'ont pas de chef ni de tête, quand ils se présentent par leur corps seul, c'est-à-dire par leur réalité la plus hideuse et la plus brutale, il est plus difficile et aussi plus hasardeux de se montrer envers eux si équitable et de faire à chacun sa part jusqu'au milieu de l'action.

Le principe qui dirigea Montaigne dans toute son administration fut de n'aller qu'au fait, au résultat, et de ne rien accorder à l'éclat et à la montre : *À mesure qu'un bon effet est plus éclatant*, pensait-il, *je rabats de sa bonté.* Car il est toujours à craindre qu'il n'ait été produit plutôt pour être éclatant que pour être bon : *Étalé, il est à demi vendu.* Lui, il ne faisait pas ainsi, il n'étalait rien ; il ménageait le plus doucement qu'il pouvait les esprits et les affaires ; il usait utilement pour tous de ce don d'ouverture et de conciliation, de cet attrait personnel dont la nature l'avait pourvu et qui est d'une si heureuse et si générale influence dans le maniement des hommes. Il aimait mieux prévenir le mal que de se donner l'honneur de le réprimer : *Est-il quelqu'un qui désire être malade*, dit-il gaiement, *pour voir son médecin en besogne ? Et faudrait-il pas fouetter le médecin qui nous désirerait la peste pour mettre son art en pratique ?* Loin donc de désirer que le trouble et la maladie des affaires de la cité vînt rehausser et honorer son gouvernement, il a *prêté de bon cœur*, dit-il, *l'épaule à leur aisance et facilité.* Il n'est pas de ceux qu'enivrent et qu'entêtent ces honneurs de municipalité, ces *dignités de quartier* comme il les appelle, et dont tout le bruit *ne se promène que d'un carrefour de rue à l'autre* : s'il était homme à se prendre à la gloire, il la verrait plus en grand et la mettrait plus haut. Je ne sais pourtant s'il voudrait changer de méthode et de procédé, même sur un plus vaste théâtre. Faire le bien public insensiblement lui paraîtrait toujours l'idéal de l'habileté et le comble du bonheur. *Qui ne me voudra savoir gré*, dit-il, *de l'ordre, de la douce et muette tranquillité qui a accompagné ma conduite, au moins ne peut-il me priver de la part qui m'en appartient par le titre de ma bonne fortune.* Et il est inépuisable à peindre en expressions vives et légères ce genre de services effectifs et insensibles qu'il croit avoir rendus, bien supérieurs à des actes plus bruyants et plus glorieux : *Ces actions-là ont bien plus de grâce qui échappent de la main de l'ouvrier nonchalamment et sans bruit, et que quelque honnête homme choisit après et relève de l'ombre pour les pousser en lumière à cause d'elles-mêmes.* Ainsi la fortune servit à souhait Montaigne et, même dans sa gestion publique, en des conjonctures si difficiles, il n'eut point à démentir sa maxime et sa devise, ni à trop sortir du train de vie qu'il s'était tracé : *Pour moi, je loue une vie glissante, sombre et muette.* Il arriva au terme de sa magistrature, à peu près satisfait de lui-même, ayant fait ce qu'il s'était promis et en ayant beaucoup plus fait qu'il n'en avait promis aux autres.

Cependant les choses se gâtent de plus en plus ; la guerre civile s'engage ; des partis amis ou ennemis (il n'y a pas grande différence) infestent le pays. Montaigne, qui retourne en son manoir rural le plus souvent qu'il peut et quand les affaires de sa charge, qui tire à sa fin, ne l'obligent point à être à Bordeaux, se trouve exposé à toutes sortes d'injures et d'avanies : *J'encourus*, dit-il, *les inconvénients que la modération apporte en telles maladies ; je fus pelaudé [écorché] à toutes mains. Aux Gibelins, j'étais Guelfe ; aux Guelfes, Gibelin.* Au milieu de ses griefs personnels, il sait assez détacher et élever sa pensée pour réfléchir avant tout sur les malheurs publics et sur la dégradation des caractères. Considérant de près le désordre des partis et ce qui s'y développe si vite d'abject et de misérable, il rougit de voir des chefs qui ont quelque renom s'abaisser et s'avilir par de lâches complaisances : car en ces circonstances, nous le savons comme lui, *c'est au commandant de suivre, courtiser et plier, à lui seul d'obéir ; tout le reste est libre et dissolu. – Il me plaît*, dit ironiquement Montaigne, *de voir combien il y a de lâcheté et de pusillanimité en l'ambition ; par combien d'abjection et de servitude il lui faut arriver à son but.* Méprisant l'ambition comme il le fait, il n'est pas fâché de la voir se démasquer ainsi dans ses pratiques et se dégrader à ses yeux. Pourtant sa bonté de cœur l'emportait encore sur sa fierté et sur son mépris : *Mais ceci me déplaît*, ajoute-t-il douloureusement, *de voir des natures débonnaires et capables de justice se corrompre tous les jours au maniement et commandement de cette confusion... Nous avions assez d'âmes mal nées sans gâter les bonnes et généreuses.* Pour lui, dans ce malheur, il cherche plutôt une occasion et un motif de se fortifier et de se retremper. Atteint en détail de mille offenses et de mille maux qui viennent *à la file* et qu'il eût plus gaillardement soufferts *à la foule*, c'est-à-dire tout à la fois ; chassé par la guerre, par la contagion, par tous les fléaux (juillet 1585), il se demande déjà, du train dont vont les choses, à qui il aura recours, lui et les siens, à qui il ira demander asile et subsistance dans sa vieillesse et, après avoir bien cherché et regardé tout alentour, il se trouve en définitive tout nu et *en pourpoint.* Car *pour se laisser tomber à plomb et de si haut, il faut que ce soit entre les bras d'une affection solide, vigoureuse et fortunée : elles sont rares, s'il y en a.* À cette manière dont il parle, on voit assez que La Boétie dès longtemps n'était plus. Montaigne alors sent que c'est en lui seul, après tout, qu'il peut se fonder dans la détresse et s'affermir, et que c'est le moment ou jamais de mettre en pratique ces hautes leçons qu'il a passé sa vie à recueillir çà et là dans les livres des philosophes ; il se ranime, il arrive à toute sa vertu : *En un temps ordinaire et tranquille, on se prépare à des accidents modérés et communs ; mais en cette confusion où nous sommes depuis trente ans, tout homme français, soit en particulier, soit en général, se voit à chaque heure sur le point de l'entier renversement de sa fortune.* Et loin de s'abattre et de maudire le sort de l'avoir fait naître en un âge si orageux, il s'en félicite tout à coup : *Sachons gré au sort de nous avoir fait vivre en un siècle non mol, languissant ni oisif.* Puisque la curiosité des sages va chercher dans le passé les confusions des États pour y étudier les secrets de l'histoire et, comme nous dirions, la physiologie du corps social à nu : *Ainsi fait ma curiosité*, nous déclare-t-il, *que je n'agrée aucunement de voir de mes yeux ce notable spectacle de notre mort publique, ses symptômes et sa forme ; et puisque je ne la puis retarder, je suis content d'être destiné à y assister et m'en instruire.* Je ne me permettrai pas de proposer à beaucoup de personnes une consolation de ce genre ; la plupart des hommes n'ont pas de ces curiosités héroïques et acharnées, telles qu'en eurent Empédocle et Pline l'Ancien, ces deux curieux intrépides qui allaient droit aux volcans et aux bouleversements de la nature pour les examiner de plus près, au risque de s'y abîmer et d'y périr. Avec Montaigne pourtant, de la nature dont nous le savons, cette pensée d'observation stoïque ne laissait pas d'introduire quelque consolation jusque dans les maux réels. Considérant l'espèce d'état de fausse paix et de trêve précaire, le régime de sourde et profonde corruption qui avait précédé les derniers troubles, il se félicitait presque aussi de le voir cesser ; car *c'était*, dit-il de ce régime de Henri III, *une jointure universelle de membres gâtés en particulier, à l'envi les uns des autres et, la plupart, d'ulcères envieillis, qui ne recevaient plus ni ne demandaient guérison. Ce croulement donc m'anima certes plus qu'il ne m'atterra...* Notez que sa santé, d'ordinaire plus faible, s'est trouvée ici remontée au niveau de son moral et elle a eu de quoi suffire à ces diverses secousses qui semblaient devoir l'abattre. Il eut la satisfaction de sentir qu'il avait quelque tenue contre la fortune et qu'il fallait un plus grand choc que cela pour lui *faire perdre les arçons.*

Une autre considération plus humble et plus humaine le soutient dans ses maux, c'est cette consolation qui naît du malheur commun, du malheur partagé par tous et de la vue du courage d'autrui. Le peuple surtout, le vrai peuple, celui qui est victime et non pillard, les paysans de ses environs le touchent par la manière dont ils supportent les mêmes maux que lui et pis encore. Cette contagion ou peste qui sévissait alors dans le pays frappait surtout parmi ces pauvres gens ; Montaigne apprenait d'eux la résignation et la pratique de la philosophie : *Regardons à terre : les pauvres gens que nous y voyons épandus, la tête penchante après leur besogne, qui ne savent ni Aristote, ni Caton, ni exemple, ni précepte, de ceux-là tire nature tous les jours des effets de constance et de patience plus purs et plus roides que ne sont ceux que nous étudions si curieusement en l'école.* Et il continue de les montrer travaillant jusqu'à l'extrémité, même dans leur douleur, même dans leurs maladie, jusqu'au moment où la force leur manque : *Celui-là qui fouit mon jardin, il a ce matin enterré son père ou son fils... Ils ne s'alitent que pour mourir.* Tout ce chapitre est beau, touchant, approprié, se sentant à la fois d'une noble élévation stoïque et de cette nature débonnaire et populaire à laquelle Montaigne se disait à bon droit issu et formé. Il ne saurait y avoir au-dessus d'un tel chapitre, à titre de *consolation dans les calamités publiques*, qu'un chapitre de quelque autre livre non plus humain, mais véritablement divin, d'un livre qui ferait sentir la main de Dieu partout et non point par manière d'acquit, comme le fait Montaigne, mais la main réellement présente et vivante. La consolation que se donne Montaigne, à lui et aux autres, est aussi haute et aussi belle que peut l'être une consolation humaine sans la prière. Il écrivait ce chapitre (XIIe du livre III) au milieu même des maux publics qu'il dépeignait, et avant qu'ils eussent pris fin ; il le terminait encore à sa manière poétique et légère, en le montrant comme un assemblage d'exemples, un *amas de fleurs étrangères* auxquelles il n'avait fourni du sien que le *filet* pour les *lier*.

Voilà Montaigne en tout et, quoi qu'il dise de sérieux, il le couronne par une grâce. Pour juger de sa manière, il suffit de l'ouvrir à toute page indifféremment et de l'écouter discourant sur n'importe quel sujet ; il n'en est aucun qu'il n'égaie et qu'il ne féconde. Dans le chapitre *Des menteurs*, par exemple, après s'être étendu en commençant sur son défaut de mémoire et avoir déduit les raisons diverses qu'il a de s'en consoler, il ajoutera tout à coup cette raison jeune et charmante : *D'autre part [grâce à cette faculté d'oubli], les lieux et les livres que je revois me rient toujours d'une fraîche nouvelleté.* C'est ainsi que, sur tous les propos qu'il touche, il recommence sans cesse et fait jaillir des sources de fraîcheur.

Montesquieu a dit dans une exclamation mémorable : *Les quatre grands poètes, Platon, Malebranche, Shaftesbury, Montaigne !* Combien cela est vrai de Montaigne ! Nul écrivain en français, y compris les poètes proprement dits, n'a eu de la poésie une aussi haute idée que lui. *Dès ma première enfance*, disait-il, *la poésie a eu cela de me transpercer et transporter.* Il estime avec un sentiment pénétrant que *nous avons bien plus de poètes que de juges et interprètes de poésie, et il est plus aisé de la faire que de la connaître.* En elle-même et dans sa pure beauté, elle échappe à la définition ; et celui qui la veut discerner du regard et considérer en ce qu'elle est véritablement, il ne la voit pas plus que *la splendeur d'un éclair.* Dans l'habitude et la continuité de son style, Montaigne est l'écrivain le plus riche en comparaisons vives, hardies, le plus naturellement fertile en métaphores, lesquelles, chez lui, ne se séparent jamais de la pensée, mais la prennent par le milieu, par le dedans, la joignent et l'étreignent. À cet égard, en obéissant si pleinement à son génie, il a dépassé et quelquefois excédé celui de la langue. Ce style bref, mâle, qui frappe à tout coup, qui enfonce et qui redouble le sens par le trait, ce style duquel on peut dire qu'il est une épigramme continuelle ou une métaphore toujours renaissante, n'a été employé chez nous avec succès qu'une seule fois, et c'est sous la plume de Montaigne. Si on voulait l'imiter, même en supposant qu'on le pût et qu'on y fût disposé par nature, si l'on voulait écrire avec cette rigueur, et cette exacte correspondance, et cette continuité directe de figures et de traits, il faudrait à tout moment forcer notre langue à être plus forte et plus complète poétiquement qu'elle ne l'est d'ordinaire et dans l'usage. Ce style à la Montaigne, si conséquent et si varié dans la suite et l'assortiment des images, exige qu'on crée à la fois une partie du tissu même, pour les porter. Il faut de toute nécessité qu'on étende et qu'on allonge par endroits la trame pour y coudre la métaphore ; mais voilà que, pour le définir, je suis presque amené à parler comme lui. Notre bon langage, en effet, notre prose, qui se sent toujours plus ou moins de la conversation, n'a pas naturellement de ces ressources et de ces fonds de toile pour une continuelle peinture ; elle court et fuit vite, et se dérobe ; à côté d'une image vive, elle offrira une soudaine lacune et défaillance. En y suppléant par de l'audace et de l'invention comme fait Montaigne, en créant, en imaginant l'expression et la locution qui manquent, on paraîtrait aussitôt recherché. Ce style à la Montaigne serait, à bien des égards, en guerre ouverte avec celui de Voltaire. Il ne pouvait naître et fleurir que dans cette pleine liberté du seizième siècle, chez un esprit franc et ingénieux, gaillard et fin, brave et délicat, unique de trempe, qui parut libre et quelque peu licencieux, même en ce temps-là, et qui s'inspirait lui-même et s'enhardissait, sans s'y enivrer, à l'esprit pur et direct des sources antiques.

Tel qu'il est, Montaigne est notre Horace ; il l'est par le fond, il l'est par la forme souvent et l'expression, bien que par celle-ci il aille souvent aussi jusqu'au Sénèque. Son livre est un trésor d'observations morales et d'expérience ; à quelque page qu'on l'ouvre et dans quelque disposition d'esprit, on est assuré d'y trouver quelque pensée sage exprimée d'une manière vive et durable, qui se détache aussitôt et se grave, un beau sens dans un mot plein et frappant, dans une seule ligne forte, familière ou grande. Tout son livre, a dit Étienne Pasquier, est un vrai *séminaire* de belles et notables sentences ; et elles entrent d'autant mieux qu'elles courent et se pressent, et ne s'affichent pas. Il y en a pour tous les âges et pour toutes les heures de la vie ; on ne le peut lire quelque temps sans en avoir l'âme toute remplie et comme tapissée ou, pour mieux dire, toute armée et toute revêtue. On vient de voir qu'il a plus d'un conseil utile et d'une consolation directe à l'usage de l'honnête homme né pour la vie privée et engagé dans les temps de trouble et de révolution. À quoi j'ajouterai encore un de ces conseils qu'il adresse à ceux qui, comme moi et comme bien des gens de ma connaissance, subissent les tourmentes politiques sans les provoquer jamais et sans se croire d'étoffe non plus à les conjurer. Montaigne, ainsi que ferait Horace, leur conseille, tout en s'attendant de longue main à tout, de ne pas tant se préoccuper à l'avance, de profiter jusqu'au bout, dans un esprit libre et sain, des bons moments et des intervalles lucides ; il fait là-dessus de piquantes et justes comparaisons coup sur coup et termine par celle-ci : c'est folie et fièvre, dit-il, de *prendre votre robe fourrée dès la Saint-Jean parce que vous en aurez besoin à Noël.*

❦❦

Il est à regretter pour [Montaigne] que son temps de mairie n'ait pas expiré en l'été de 1585 : il sortirait de l'exercice de sa charge avec tous les honneurs de la guerre. Mais la suite et la fin sont un peu moins belles, quoique je ne voie pas que personne, en ce temps-là, lui en ait fait un sujet formel de reproche. Montaigne avait jeté son feu ; il avait donné son coup de collier et il se crut quitte ; il retomba aisément dans cette modération naturelle, éloignée de tout héroïsme.

Il faut savoir qu'il existait à Bordeaux, du côté du couchant et non loin des jardins de l'archevêché, un marais qui exhalait pendant l'été des miasmes pestilentiels. Des quartiers de la ville s'en ressentaient périodiquement et presque chaque année. En 1585, la maladie fut d'une intensité extraordinaire : de juin jusqu'à décembre, il ne mourut pas moins de quatorze mille personnes. En de telles circonstances, le devoir d'un maire semble tout tracé : il est à son poste d'honneur au fort du danger ; il fait ce que firent, à Dreux, le poète Rotrou, victime de son zèle ; l'évêque Belzunce à Marseille, et d'autres encore ; ce que fit le maréchal d'Ornano, maire lui-même de Bordeaux, dans une autre épidémie de 1599. Il se plonge au milieu du danger, au foyer du cloaque. Or où est Montaigne, dont la seconde mairie expirait précisément en ces mois-là, à cette fin d'année ou de saison – où est-il ? Il est absent. A-t-il cru devoir s'en justifier dans ses *Essais* ? Non. Montaigne n'a pas quitté la ville à cause de la peste ; il est simplement absent quand la peste éclate. Ah ! il est bien vrai qu'il n'y est pas revenu. Il faut être un Malesherbes par le cœur pour s'en revenir exprès de Lausanne après le 10 août, sans nécessité, tout exprès pour offrir ses bons offices à Louis XVI et mettre sa propre tête au hasard du couteau. Montaigne était donc absent, son château au pillage, les siens en marche et à l'aventure dans une contrée également pestiférée. Il se mit à la tête de sa petite caravane. Peste, guerre et famine, Montaigne, sans les chercher, en eut sa bonne part alors, durant ces six mois de calamité. Après cela, il est toujours singulier et un peu fâcheux que, sollicité par les jurats de venir, suivant l'usage, présider, dans les premiers jours d'août, à l'élection de son successeur et à celle des nouveaux conseillers municipaux, il n'ait pas cru devoir se hasarder jusque dans la ville, *vu le mauvais état où elle était*, et qu'il ait proposé, pour preuve de dévouement et pour sacrifice extrême, de se rendre tout au plus à un petit village voisin. *Je m'approcherai mercredi le plus près de vous que je pourrai, c'est-à-dire à Feuillasse, si le mal n'y est arrivé.* On voit qu'il prend toutes ses précautions avant de communiquer avec les atteints et soupçonnés de contagion. La lettre est là qui subsiste et parle plus clair qu'on ne voudrait.

Cicéron, dans une de ses plus admirables pages, se souvenant de ce sage pratique et de cet heureux épicurien, de ce voluptueux exquis et raffiné, Thorius, n'hésite pas à déclarer, ou plutôt c'est la vertu elle-même, nous dit-il, qui proclame par sa bouche que Régulus, mourant dans les tourments de la faim et de l'insomnie, a été plus heureux que Thorius buvant dans la rose. Ce n'était pas un Thorius ni précisément un raffiné en délices que Montaigne ; c'était encore moins un Régulus. La vie et les actions se ressentent toujours de la philosophie qu'on a embrassée. Il y a un beau mot de Mirabeau : *Tout homme de courage devient un homme public le jour des fléaux.* Montaigne, homme public, n'a pas fait ni senti qu'il devait faire ce qu'eût fait un Mirabeau et d'autres qui, dans l'habitude, valaient moins que lui. Les excuses, encore un coup, ne manquent pas et le bon sens les suggère. Sans parler des graves raisons qu'il avait d'être absent et éloigné, protection des siens, pillage de sa maison, il ne faisait défaut à l'appel que pour deux ou trois mois au plus, *in extremis* pour ainsi dire, et tout à la fin d'une seconde magistrature dont il était quasi dépouillé dès lors et où un autre, déjà nommé, l'allait remplacer. Il ne tient qu'à nous, à le voir errant à la tête de sa petite tribu et cherchant pour elle les gîtes les plus sûrs, de louer en lui un bon et courageux père de famille qui sut remplir tous ses devoirs envers ceux dont le salut lui était plus particulièrement confié.

J'entre autant que personne dans l'esprit de ces raisons et je reconnais même dans cette conduite le véritable Montaigne tel que je me le suis toujours représenté, avec toutes ses qualités de bon esprit, de modération, de prudence, de philosophie et de parfaite sagesse ; à quoi il ne manque que ce qui n'est plus en effet de la philosophie et de la sagesse, ce qui est de la sainte folie, de la flamme et du dévouement. Et de même que, conseiller au Parlement de

Bordeaux, il faisait toutes les remarques que le bon sens et l'humanité pouvaient suggérer à un aussi excellent et aussi libre esprit, témoin des chicanes, des procédures sans fin, des misères et des horreurs, des *géhennes* et des tourments, mais sans s'attacher toutefois à une réforme, sans la prendre à cœur et s'y vouer par zèle pour l'humanité et la justice, comme il appartenait à l'âme d'un L'Hôpital ; de même, en qualité de maire et de chef d'une cité, il n'avait rien d'un Eustache de Saint-Pierre ou d'un Guiton, maire de La Rochelle, de ceux qui se sacrifient et s'immolent volontiers pour un peuple ou pour une cause. Calme, modéré, de bon conseil, actif et vigilant même quand il le fallait, mais prudent avant tout, il eût été, j'imagine, s'il eût vécu en 1814, un des chefs de cette municipalité de Paris qui consentit à capituler après une journée de combat, plutôt que de risquer plus longtemps le salut et la sécurité d'une capitale. Honnête homme, oui ; mais grand cœur, non. La grandeur et la force de Montaigne (et il en a), il faut les chercher ailleurs et où elles sont, dans les monuments de sa pensée et de son esprit.

28 avril 1851. *Causeries du lundi*, t. IV, pp. 65-80

9 novembre 1863. *Nouveaux lundis*, t. VI, pp. 239-264

[Dans son *Port-Royal*, Sainte-Beuve a décrit Montaigne *à la barre de Port-Royal* et rappelé le mot de Montesquieu : *Dans la plupart des auteurs, je vois l'homme qui écrit, dans Montaigne, l'homme qui pense.* Il y voit l'influence directe de Pascal *qui n'avait jamais malmené l'auteur des «Essais» qu'avec cette intelligence supérieure qui est encore un hommage d'égal à égal. Montaigne... fut pour lui, à certaines heures, le renard de l'enfant lacédémonien, le renard caché sous la robe ; Pascal en était souvent repris et mordu et dévoré. En vain il l'écrase, il le rejette : le rusé revient toujours. Il s'en inquiète, il le cite, il le transcrit quelquefois dans le tissu de ses propres «Pensées»... Montaigne s'était ancré en lui.*]

Rabelais

Calvin, Rabelais, Amyot, Montaigne sont les quatre grands prosateurs du seizième siècle, desquels Montaigne et Rabelais peuvent être dits plutôt deux poètes. Je ne compte pas ici une foule d'écrivains secondaires, dignes, à côté d'eux, d'être mentionnés et salués. Or dans cette journée que je suppose qu'on puisse aller passer au seizième siècle avec son auteur préféré, je doute que Calvin, de nos jours, eût beaucoup de chalands. Le bon Amyot nous attirerait assez par son sourire de vieillard aimable et par ses grâces un peu traînantes. Mais Montaigne, tout le monde voudrait aller à lui – tout le monde, excepté un groupe assez nombreux et déterminé qui, même en regrettant, entre les deux, d'être obligé de choisir, s'en irait faire ses dévotions à Rabelais.

Il y a dans le goût et le culte qu'ont certaines personnes pour Rabelais plus que de l'admiration encore, il y a de cette curiosité excitée qui tient à un coin d'inconnu et de mystère. Nous savons presque à l'avance comment serait Montaigne ; nous nous le figurons assez bien tel qu'il nous paraîtrait au premier abord ; mais Rabelais, qui le sait ? On a fort discuté sur la vie et sur le caractère réel de Rabelais. Je crois, et tout lecteur réfléchi croira de même, que ceux qui se seraient attendus à trouver exactement en lui l'homme de son livre, une espèce de curé-médecin jovial, bouffon, toujours en ripaille et à moitié ivre, auraient été fort désappointés. La débauche de Rabelais se passait surtout dans son imagination et dans son humeur ; c'était une débauche de cabinet, débauche d'un grand savant, plein de sens, et qui s'en donnait, plume à la main, à gorge déployée. Toutefois, je ne suis pas moins persuadé qu'après très peu de temps passé dans son commerce, en pratiquant l'homme de science, d'étude et sans doute aussi de très bonne compagnie pour son siècle, on devait retrouver au fond et bien vite le railleur incomparable. Il était impossible que le jet naturel d'une telle veine se contînt et ne sortît pas. La personne de l'homme, si noble de prestance et si vénérable qu'elle pût être au premier aspect, devait par instants s'animer et se réjouir aux mille saillies de ce génie intérieur, de cette belle humeur irrésistible qui s'était jouée dans son roman, ou plutôt dans son théâtre. Je dirai cela de Rabelais comme de Molière. Ce dernier n'était pas toujours gai et plaisant, tant s'en faut ; on l'appelait *le contemplatif* ; il avait même de la tristesse, de la mélancolie, quand il était seul. Mais il est immanquable qu'excité et une fois poussé dans l'entretien, il devait redevenir le Molière que nous savons. Ainsi sans doute de Rabelais.

On a d'Étienne Dolet, le même qui fut brûlé vif pour crime d'hérésie, une jolie pièce de vers latins sur Rabelais, médecin et anatomiste. Dolet y fait parler un pendu qui avait eu l'honneur, après son exécution, d'être disséqué dans l'amphithéâtre public de Lyon par Rabelais en personne. Certes, le jour où Rabelais faisait dans l'amphithéâtre cette leçon publique d'anatomie, il devait avoir, comme Vésale, cet air vénérable de docteur et de maître dont quelques-uns de ses biographes ont parlé, et il représentait dignement en lui la majesté de la science.

Fils d'un cabaretier ou d'un apothicaire de Chinon, on sait qu'il avait commencé par être moine, et moine cordelier. Le sérieux et l'élévation de ses goûts, la liberté naturelle et généreuse de ses inclinations, le rendirent bientôt un objet déplacé dans un couvent de cet Ordre, en cet âge de décadence. Il sortit, essaya d'un autre Ordre moins méprisable, celui des bénédictins, mais ne put s'en accommoder davantage ; c'est alors qu'il quitta l'habit régulier, c'est-à-dire monacal, pour prendre l'habit de prêtre séculier ; il jeta, comme on dit, le froc aux orties et alla à Montpellier pour y étudier la médecine. Par une bulle datée du 17 janvier 1536, il lui est permis d'exercer en tous lieux l'art de la médecine, à titre gratuit toutefois et jusqu'à l'application du fer et du feu *exclusivement* ; ces sortes d'opérations étaient interdites aux prêtres. Mais on n'y dit rien des livres pantagruéliques qu'il avait déjà composés et qu'il devait composer encore ; et Rabelais ne se crut en aucun temps obligé de se les interdire.

Rien n'est moins commode que de venir parler convenablement de ces livres, car Rabelais a de ces licences qui ne sont qu'à lui. Quand on veut lire tout haut du Rabelais, même devant des hommes (car devant les femmes, cela ne se peut), on est toujours comme quelqu'un qui veut traverser une vaste place pleine de boues et d'ordures : il s'agit d'enjamber à chaque moment et de traverser sans trop se crotter ; c'est difficile. Une dame faisait un jour reproche à Sterne des nudités qui se trouvent dans son *Tristram Shandy* ; au même moment, un enfant de trois ans jouait à terre et se montrait en toute innocence : *Voyez*, dit Sterne, *mon livre, c'est cet enfant de trois ans qui se roule sur le tapis.* Mais avec Rabelais, l'enfant a grandi ; c'est un homme, c'est un moine, c'est un géant, c'est Gargantua, Pantagruel ou pour le moins Panurge, et il continue de ne rien cacher. Ici il n'y a aucun moyen de dire au dames : *Voyez !* et même quand on ne parle que devant des hommes et qu'on est de sang-froid, il faut choisir.

Je choisirai. Dans le premier livre de Rabelais, dans ce livre de *Gargantua* qui ne fut pas composé le premier en date, peut-être, mais qui est le plus suivi, le plus complet en lui-même, ayant un commencement, un milieu et une fin, on trouve quelques admirables chapitres, pas trop sérieux, pas trop bouffons, et où les grandes parties sensées de Rabelais se déclarent. Je veux parler des chapitres qui traitent de l'éducation de Gargantua. Après toutes les folies du début, la naissance de Gargantua par l'oreille gauche, la description mirifique de sa layette, les premiers signes qu'il donne de son intelligence et certaine réponse très coquecigrue qu'il fait à son père et à laquelle celui-ci reconnaît avec admiration le merveilleux entendement de son fils, on lui donne un maître, un sophiste en lettres latines ; et c'est alors que commence la satire la plus ingénieuse et la plus frappante de la mauvaise éducation de ce temps-là. Gargantua était censé être né dans la dernière moitié du quinzième siècle et on le soumet d'abord à cette éducation scolastique, pédantesque, pleine de puérilités laborieuses et compliquées qui semblaient faites exprès pour abâtardir les bons et nobles esprits. Cependant, son père Grandgousier voyait que son fils étudiait très bien et qu'il n'en devenait que plus sot chaque jour ; il est fort étonné d'apprendre d'un de ses confrères, vice-roi de je ne sais quel pays voisin, que tel jeune homme qui n'a étudié que deux ans sous un bon maître, et par telle nouvelle méthode qui vient de se trouver, en sait plus que tous ces petits prodiges du vieux temps livrés à des maîtres *dont le savoir n'est que bêterie*. On met Gargantua en présence du jeune Eudémon, enfant de douze ans, qui s'adresse à lui avec bonne grâce, avec politesse, avec une noble pudeur qui ne nuit pas à l'aisance. À tout ce que ce jeune page lui dit d'aimable et d'encourageant, Gargantua ne trouve rien à répondre, *mais toute sa contenance fut qu'il se prit à pleurer comme une vache, et se cachait le visage de son bonnet.* Le père est furieux ; il veut occire de colère maître Jobelin, le pédant qui a fait une si triste éducation ; mais on se contente de le mettre à la porte et de confier Gargantua au même précepteur qui élève si bien Eudémon, et qui a nom Ponocratès.

Nous touchons ici à l'une des parties du livre de Rabelais qui renferment un grand sens et, jusqu'à un certain point, un sens sérieux. Je ne parle qu'avec quelque réserve car, en reconnaissant les parties sérieuses, il faut prendre garde de les supposer et de les créer comme l'ont fait tant de commentateurs, ce qui doit bien prêter à rire à Rabelais, s'il se soucie de nous chez les ombres. Mais dans le cas présent, l'intention n'est pas douteuse. On vient de voir le jeune Gargantua livré aux pédagogues de la vieille école et les tristes résultats de cette éducation crasseuse, routinière, pédantesque et tout à fait abrutissante, dernier legs du Moyen Âge expirant. Ponocratès, au contraire, est un novateur, un homme moderne, selon la vraie Renaissance. Il prend l'élève ; il l'emmène avec lui à Paris et va s'appliquer à le morigéner.

Ponocratès commence par essayer son écolier ; il emploie à l'avance la méthode de Montaigne, qui veut qu'on *fasse d'abord trotter* le jeune esprit devant soi pour juger de son train. Ponocratès laisse donc le jeune Gargantua suivre quelque temps son train accoutumé et Rabelais nous décrit cette routine de paresse, de gloutonnerie, de fainéantise, résultat d'une première éducation mal dirigée. Je résumerai cette éducation en un seul mot : le jeune Gargantua se conduit déjà comme le plus cancre et le plus glouton des moines de ce temps-là, commençant sa journée tard, dormant la grasse matinée, débutant par un déjeuner copieux, entendant bon nombre de messes qui ne le fatiguent guère et en tout adonné au ventre, au sommeil et à la paresse. En lisant ces descriptions, comme on sent bien le dégoût que Rabelais dut éprouver de cette ignoble vie, quand il était cordelier !

Il est grand temps de réformer cette éducation vicieuse ; mais Ponocratès, en homme sage, ne fait point la transition trop brusque, *considérant que nature n'endure mutations soudaines sans grande violence*. Ces chapitres XXIIIe et XXIVe du premier livre sont vraiment admirables et nous offrent le plus sain et le plus vaste système d'éducation qui se puisse imaginer, un système mieux ménagé que celui de l'*Émile*, à la Montaigne, tout pratique, tourné à l'utilité, au développement de tout l'homme, tant des facultés du corps que de celles de l'esprit. On y reconnaît à chaque pas le médecin éclairé, le physiologiste, le philosophe.

Gargantua s'éveille à quatre heures du matin environ ; pendant sa première toilette, on lui lit quelque page de la Sainte Écriture, hautement et clairement, de manière à élever dès le matin son esprit vers les œuvres et les jugements de Dieu. Suivent quelques détails d'hygiène, car le médecin Rabelais n'oublie rien. Après quoi le précepteur emmène son élève et lui montre l'état du ciel qu'ils avaient également observé la veille au soir, avant de se coucher ; il lui fait remarquer les différences de position, les changements des constellations et des astres, car chez Rabelais, l'astronome, celui qui avait publié des almanachs, n'est pas moins habile que le médecin et il ne veut considérer comme étrangère aucune science, aucune connaissance humaine et naturelle. Après cette petite leçon en plein air, viennent les leçons du dedans, *trois bonnes heures* de lecture ; puis les jeux, la balle, la paume, tout ce qui peut servir *à galamment exercer les corps, comme ils avaient auparavant exercé les âmes*. C'est ce mélange et ce juste équilibre qui caractérisent la véritable et complète éducation selon Rabelais : le médecin, l'homme qui sait les rapports du physique au moral et qui consulte en tout la nature, se retrouve en lui à chaque prescription.

À table, à ce qu'on appelait alors le dîner (et que nous appellerions le déjeuner), il ne fait manger à son élève que ce qu'il faut pour apaiser *les abois de l'estomac* ; il veut que ce dîner, ce premier repas, soit *sobre et frugal*, lui réservant un souper plus large et copieux. Pendant ce repas du matin, à propos de chaque mets, l'entretien roule sur la vertu, propriété et nature des objets, des viandes, poissons, herbes ou racines. On rappelle les passages des Anciens qui en ont parlé ; au besoin, on se fait apporter les livres ; sans s'en apercevoir, l'élève devient aussi savant qu'un Pline, *et n'était médecin alors qui en sût la moitié autant qu'il faisait.*

Après le repas viennent les cartes, mais c'est encore pour apprendre sous ce prétexte mille petites gentillesses et inventions nouvelles, qui toutes dépendent de l'arithmétique et des nombres. Le jeune Gargantua fait de la sorte ses *récréations mathématiques* en se jouant. La digestion faite, et après quelques soins d'hygiène encore que je passe sous silence, mais que Rabelais ne sous-entend jamais, on se remet à l'étude pour la seconde fois et sérieusement, *par trois heures ou davantage.* Après quoi, vers l'heure de deux ou trois heures après midi environ, on sort de l'hôtel et l'on va en compagnie de l'écuyer Gymnaste s'essayer à l'art de chevalerie et à la gymnastique. Gargantua, sous un si habile maître, profite hardiment et utilement. Il ne s'amuse pas à rompre des lances, *car c'est la plus grande rêverie du monde*, remarque Rabelais, *de dire : «J'ai rompu dix lances en tournoi ou en bataille» ; un charpentier en ferait bien autant ; mais une louable gloire, c'est d'une lance d'avoir rompu dix de ses ennemis.* Ne sentez-vous pas déjà comme le bon sens se substitue au faux point d'honneur et comme ce Rabelais, qui ne fait rien par gloriole et par crânerie, va corriger désormais les derniers des Bayard ? Ils ne se corrigeront que trop.

Ici, dans la description des divers exercices, manège, chasse, lutte, natation, Rabelais s'amuse : ces tours de force de maître Gymnaste deviennent, sous sa plume, des tours de force de la langue. La prose française fait là aussi sa gymnastique et le style s'y montre prodigieux pour l'abondance, la liberté, la souplesse, la propriété à la fois et la verve. Jamais la langue, jusque là, ne s'était trouvée à pareille fête. C'est vraiment un admirable tableau idéal d'éducation, où presque tout devient sérieux, si on le réduit, du géant Gargantua, à des proportions un peu moindres. Il y a de l'excès, de la charge assurément dans tout l'ensemble ; mais c'est une charge qu'il est facile de ramener au vrai, et dans le sens juste de l'humaine nature. Le caractère tout nouveau de cette éducation est dans le mélange du jeu et de l'étude, dans ce soin de s'instruire de chaque matière en s'en servant, de faire aller de pair les livres et les choses de la vie, la théorie et la pratique, le corps et l'esprit, la gymnastique et la musique, comme chez les Grecs, mais sans se modeler avec idolâtrie sur le passé et en ayant égard sans cesse au temps présent et à l'avenir.

Quand la journée est pluvieuse, l'emploi des heures est différent et la diète aussi diffère. Faisant moins d'exercice en plein air, on se nourrit ces jours-là avec plus de sobriété. Ces jours-là aussi, on visite plus particulièrement les boutiques et ateliers des divers ouvriers, lapidaires, orfèvres, alchimistes, monnayeurs, horlogers, imprimeurs, sans oublier l'artillerie alors toute nouvelle, et partout, *donnant le vin aux gens*, on s'instruit dans les industries diverses. Il est remarquable comme Rabelais veut que son royal élève soit en quête et curieux de toutes choses utiles, de toute invention moderne, afin qu'il ne se trouve empêché ni étonné nulle part comme tant de petits savants qui ne savent que les livres. Une telle éducation à la Ponocratès concilie à la fois les Anciens et les Modernes. Perrault, le novateur, ce digne commis de Colbert, n'y trouverait rien à désirer et Mme Dacier, l'adoratrice d'Homère, y trouverait son compte. Nous avons dans ce cours d'éducation et d'étude à l'usage du jeune Gargantua le premier modèle de ce qu'ont représenté depuis plus au sérieux, mais non plus sensément, Montaigne, Charron, l'école de Port-Royal par endroits et parties, cette école chrétienne qui ne se savait pas si fort à cet égard dans la même voie que Rabelais, l'étrange précurseur ! Nous avons d'avance, dans une vue et une gaieté de génie, ce que plus tard Jean-Jacques étendra dans l'*Émile* en le systématisant, et Bernardin de Saint-Pierre dans ses *Études de la nature* en l'affadissant.

Ce plan d'éducation que j'admire chez Rabelais, chez Montaigne, chez Charron et chez quelques-uns de leurs successeurs avait une grande opportunité quand il s'agissait d'émanciper la jeunesse, de l'affranchir des méthodes serviles et accablantes et de ramener les esprits aux voies naturelles. On a, pour réaliser ce programme, même après trois siècles, bien des progrès à faire encore. Toutefois, rappelons-nous bien que ces méthodes nouvelles et avant tout agréables d'apprendre les sciences aux enfants, moyennant un précepteur ou gouverneur pour chacun, ne tiennent nul compte des difficultés inhérentes à l'éducation publique et de celles qui dépendent de l'ordre de la société même. Dans celle-ci en effet, et à mesure qu'on avance dans la vie, que de fatigues, que de luttes et de peines n'a-t-on pas à supporter ! Il n'est pas mal de s'y être accoutumé de longue main par l'éducation et qu'on ait eu à y sentir de bonne heure le poids des choses. Un philosophe du dix-huitième siècle, plus sensé que Jean-Jacques (Galiani), recommande deux points avant tout dans l'éducation : apprendre aux enfants à supporter l'injustice ; leur apprendre à supporter l'ennui. Mais Rabelais ne voulait que jeter à l'avance quelques idées de grand sens et d'à-propos dans un rire immense : ne lui en demandez pas davantage. Il y a de tout dans son livre, et chaque admirateur peut se flatter d'y découvrir ce qui est le plus analogue à son propre esprit. Mais aussi, il s'y voit assez de parties tout à fait comiques et franchement réjouissantes pour justifier son renom et sa gloire devant tous. Le reste est contestable, équivoque, sujet à controverse et à commentaire. Les lecteurs qui sont de bonne foi avoueront qu'ils ont peine à mordre à ces endroits-là et même à les entendre. Ce qui est incontestablement admirable, c'est la forme du langage, l'ampleur et la richesse de ses tours, le jet abondant et intarissable de la parole. Son français sans doute, malgré les moqueries qu'il fait des *latinisants* et des *grécisants* d'alors, est encore bien rempli et comme farci des langues anciennes ; mais il l'est par une sorte de nourriture intérieure, sans que cela lui semble étranger, et tout, dans sa bouche, prend l'aisance du naturel, de la familiarité et du génie.

Nul auteur n'a été plus admiré que Rabelais, mais il l'a été de deux manières et comme par deux races très distinctes d'esprit et de procédé. Les uns l'admirent encore moins qu'ils ne le goûtent ; ils le lisent, le comprennent là où ils peuvent et se consolent de ce qu'ils n'entendent pas avec les portions exquises qu'ils en tirent comme la moelle de l'os, et qu'ils savourent. Cette manière d'admirer Rabelais est celle de Montaigne, qui le range parmi les livres *simplement plaisants* ; c'est celle du dix-septième siècle tout entier, de Racine et de La Fontaine, lequel demandait naïvement à un docteur qui lui parlait de saint Augustin si ce grand saint avait bien autant d'esprit que Rabelais. Il y a une autre manière d'admirer Rabelais, c'est de vouloir en faire un homme de son parti, de son bord, de le tirer à soi, de le montrer comme un des précurseurs et des apôtres de la Révolution de 89 et de celles qui suivront. Cette dernière manière, qui se pique d'être beaucoup plus philosophique et plus logique, me semble beaucoup moins rabelaisienne[1].

---

1. On a fait ainsi pour Molière, et Camille Desmoulins, dans *Le Vieux Cordelier*, a dit : *Molière, dans «Le Misanthrope», a peint en traits sublimes les caractères du républicain et du royaliste : Alceste est un Jacobin, Philinte un Feuillant achevé.*

Revenons au bon sens et à la mesure en finissant ; Voltaire nous y aidera. Il avait commencé, jeune, par mordre très peu à Rabelais. Il raconte qu'un jour le duc d'Orléans, régent, au sortir de l'Opéra, causant avec lui, s'était mis à lui faire un grand éloge de Rabelais : *Je le pris pour un prince de mauvaise compagnie*, dit-il, *qui avait le goût gâté. J'avais alors un souverain mépris pour Rabelais.* Dans ses *Lettres philosophiques*, il a parlé de lui très légèrement en effet, en le mettant au-dessous de Swift, ce qui n'est pas juste : *C'est un philosophe ivre*, concluait-il, *qui n'a écrit que dans le temps de son ivresse.* Mais vingt-cinq ans plus tard, il lui a fait réparation en écrivant à Mme du Deffand :

J'ai relu, après «Clarisse», quelques chapitres de Rabelais, comme le combat de frère Jean des Entomeures et la tenue du Conseil de Picrochole ; je les sais pourtant presque par cœur, mais je les ai relus avec un très grand plaisir, parce que c'est la peinture du monde la plus vive. Ce n'est pas que je mette Rabelais à côté d'Horace... Rabelais, quand il est bon, est le premier des bons bouffons ; il ne faut pas qu'il y ait deux hommes de ce métier dans une nation, mais il faut qu'il y en ait un. Je me repens d'avoir dit autrefois trop de mal de lui.

Oui, Rabelais est un bouffon, mais un bouffon unique, un bouffon homérique ! Ce dernier jugement de Voltaire restera celui de tous les gens de sens et de goût, de ceux qui n'ont point d'ailleurs pour Rabelais une vocation décidée et une prédilection particulière. Mais pour les autres, pour les vrais amateurs, pour les vrais dévots pantagruéliques, Rabelais est bien autre chose et il y a au fond du tonneau de maître François, et jusque dans sa lie, je ne sais quelle saveur qu'ils préfèrent à tout.

7 octobre 1850. *Causeries du lundi*, t. III, pp. 1-14

Le Roman de Renart

Chez La Fontaine, la fable du *Renard* et du *Corbeau* est aussi courte que possible et réduite à sa plus simple expression. Il semble que le grand fabuliste ne l'ait voulu traiter que pour l'acquit de sa conscience et pour en tirer vite la moralité. Le même apologue, chez le vieux trouvère inconnu, est au contraire traité avec complaisance et forme toute une petite scène complète, toute une branche.

Le lieu d'abord est décrit : entre deux monts, en une plaine, Renart qui, en marchant, a une rivière à sa droite, aperçoit un très beau lieu dans la prairie, de l'autre côté de l'eau ; il y voit un hêtre dont l'aspect lui fait envie ; il traverse l'eau et se dirige vers l'arbre, tourne autour en dansant, puis s'étend sur l'herbe fraîche. Il est hébergé à bon hôtel et il n'en voudrait pas changer, s'il avait à manger seulement. Dom Tiècelin, le Corbeau, qui avait jeûné longtemps, s'était lassé de ce même séjour ; la faim l'avait chassé du bois ; il était allé vers un plessis ou enclos tout proche de là, pour livrer assaut et chercher aventure.

Tiècelin aperçoit un millier de fromages qu'on avait fait *assoleiller* ; la vieille qui devait les garder était rentrée au logis. Tiècelin saisit l'occasion et en prend un pour se restaurer ; la vieille sort et lui jette des pierres. Le Corbeau la raille et emporte le fromage, faisant à la vieille ce que tout à l'heure Renart lui fera à lui-même.

Il vient se percher sur le hêtre au pied duquel est Renart : l'un dessus, l'autre dessous, ils y sont tous deux, avec cette différence que l'un mange et l'autre bâille. Le fromage, qui nous est décrit *tendre, jaunet et de bonne saveur*, est sous la patte du Corbeau ; il y donne de grands coups de bec, mais pas si adroitement qu'il n'en laisse tomber plus d'une miette devant Renart qui l'a vu. Renart reconnut bien la bête à cette maladresse : il en secoue deux fois la tête, se lève pour mieux voir et avise là-haut Tiècelin qui était son compère d'ancienne date, tenant le bon fromage entre ses pieds : *Par les saints de Dieu, que vois-je là ?* s'écrie-t-il ; hé ! *Dieu vous sauve, sire compère ! qu'il ait l'âme de votre bon père Dom Rohart qui sut si bien chanter. Mainte fois je l'ai entendu vanter pour n'avoir son pareil en France. Vous-même en votre enfance vous y appliquiez beaucoup : vous saviez faire votre partie. Chantez-moi une rotruenge.* C'est une espèce de chanson ou de ronde qui se chantait d'ordinaire avec accompagnement de vielle.

Tout ce début de Renart parlant au Corbeau est celui de Patelin s'adressant au marchand dont il veut emporter le drap et à qui il se met également à parler de feu son père. Tiècelin, le Corbeau, goûte la flatterie ; il ouvre la bouche et jette un cri ; mais comme il ne tient pas le fromage dans le bec, il ne le laisse pas tomber du premier coup ; la fable serait trop tôt finie. Renart l'entend et lui dit : *C'est bien ! vous chantez mieux que vous ne faisiez ; et si vous vouliez, vous iriez encore un degré plus haut.* Et Tiècelin, à qui est venu l'amour-propre de chanteur, commence à crier de plus belle. Renart le pousse de plus en plus, car il s'agit de l'enivrer tout à fait : *Dieu !* dit Renart, *comme maintenant est claire et comme est pure votre voix ! Si vous pouviez vous abstenir de noix, vous chanteriez le mieux du monde. Chantez donc encore une fois.* Tiècelin, qui veut avoir le prix du chant, s'y met tout entier ; il s'écrie à haute haleine, mais il ne sut si bien faire, quelque peine qu'il se donnât, que son pied droit ne s'en desserrât et que le fromage ne tombât à terre, tout juste devant les pieds de Renart. – Vous croyez la fable finie ; pas le moins du monde. Nos vieux trouvères ne sont pas pressés ; ils chantent et récitent cela dans les fermes, ou les jours de foire, devant tout un monde rustique dont c'est la vie et qui est flatté de retrouver dans des rimes grossières, mais parfois vives et piquantes, les scènes et accidents de chaque jour. Le trouvère, dans le cas présent, a du poète en lui, il a du talent et sait peindre. Le fromage vient de tomber devant celui qui le convoite, mais qui va rester immobile : *Le friand lascif frémit et brûle, et frissonne tout entier de convoitise* (ces deux vers dans le texte sont pleins d'expression) *; mais il n'en touche une seule miette, car encore, s'il peut en venir à bout, voudrait-il bien tenir Tiècelin.* Tout son art alors est d'attirer le Corbeau lui-même et de lui persuader de descendre. Il fait le blessé et le boiteux ; ce fromage qui vient de tomber l'incommode, assure-t-il, par son odeur. Le fromage n'est pas bon pour les plaies ; la médecine le lui défend : *Ha ! Tiècelin, descendez donc, et de ce mal me délivrez ; certes, je ne vous en prierais pas si je pouvais vous en dispenser ; mais avant-hier je me suis cassé la jambe dans un piège par mésaventure, et je ne puis bouger d'où je suis.*

On voit tout le jeu et le développement de cette petite action. Tiècelin se hasarde enfin à descendre, non sans crainte ; il fait un pas en avant et deux en arrière. Renart pourtant joue si bien l'estropié que Tiècelin s'est enhardi ; il est déjà à sa portée, mais ici Renart est trop pressé : il s'élance et manque le Corbeau, qui en est quitte pour quatre plumes de l'aile droite et de la queue. La moralité est donc double et Renart, tout en ayant le fromage pour se consoler, n'a que la moindre moitié de ce qu'il désire.

Un des plus jolis épisodes de l'ancien *Renart* est l'aventure du maître fourbe avec Chanteclair, le Coq ; les avantages y sont également balancés et Renart, à la fin, y trouve sa leçon. Cet apologue heureusement développé offre la peinture et la poésie de la basse-cour au naturel et nous montre, dans un cadre bien rempli, le genre de talent des prédécesseurs de La Fontaine. On est dans une ferme proche d'un bois : il y a abondance de coqs et de poules, de canes et de malarts[1], de jars et d'oies. Le dedans de la ferme est garni à l'avenant de chair salée, de jambons et de quartiers de lard. Le tout appartient à un riche vilain, Costant Desnoes, qui se méfie de Renart : dans son clos ou plessis, il a de bonnes cerises, des pommes et autres fruits à foison ; ce plessis[2] est très bien fermé tout autour de pieux de chêne aigus et gros, et il est bordé d'aubépines ; pour plus de sûreté, les poules sont dedans. Renart vient rôder à l'entour tout doucement, le col baissé ; mais la force des pieux et des épines l'arrête. Il s'agit d'entrer dans la place de côté, sans faire trop de violence et sans épouvanter l'ennemi. Il avise un pieu brisé qui donne ouverture par le haut ; il s'y glisse et se laisse tomber tout d'une masse ; puis il se cache à plat ventre sous un chou. Mais les poules l'ont entendu et se hâtent de faire retraite. Sire Chanteclair, le Coq, n'est pas avec elles : il est allé dans un sentier près du bois se blottir entre deux pieux dans la poussière. Il les voit fuir ; il s'avance fièrement à leur rencontre, la plume au pied, le col redressé ; il les interroge d'un ton de maître. Pinte que nous retrouvons ici, Pinte qui en sait plus que les autres, qui est volontiers l'orateur de la bande et la sultane favorite, qui enfin a l'honneur de jucher à droite du Coq, Pinte lui explique ce qu'elles ont vu, une bête sauvage qui s'est glissée dans le pourpris. – *Et comment l'avez-vous vue ? – Comment ? Je vis remuer la haie et la feuille du chou trembler. – Tais-toi, sotte*, reprend le Coq ; *Renart n'a pas les os si durs qu'il ose se mucher ici ; notre palis n'est pas si*

1. *Malart*, le mâle de la cane, comme *jars* est le mâle de l'oie.
2. On appelait proprement *plessis* un lieu planté, entouré de haies pliées entrelacées.

vieux qu'il l'ait pu déjà mettre en pièces. Ce n'est qu'une plaisanterie. – Et il retourne à son sillon de poussière, moins rassuré pourtant qu'il ne le veut paraître ; il regarde souvent de côté et d'autre ; un œil ouvert et l'autre clos, un pied replié et l'autre droit, il s'appuie à un mur et, comme celui qui est fatigué de chanter et de veiller, il se met à sommeiller peu à peu.

Tout sommeillant, il a un songe. Le songe est un lieu commun et une machine en usage dans les romans de chevalerie : ici la parodie en est heureuse et très spirituelle. Le Coq rêve donc qu'il voit je ne sais quelle chose qui est dans son courtil et qui lui vient dessus pour le revêtir : ce je ne sais quoi a une peau rousse, blanche sous le ventre ; le bord est en os, le col est étroit et force lui est, après y être entré, de s'en revêtir au rebours, c'est-à-dire de telle sorte que sa tête aille à l'autre extrémité de l'habit et que sa queue reste dans le collet. Il s'éveille effrayé et court jusqu'à ses poules ; il s'adresse à Pinte, en qui il a le plus de confiance, et lui raconte son rêve. Celle-ci le lui explique, non sans avoir pris sa revanche avec ironie, et essaye de lui démontrer que ce je ne sais quoi d'où son cauchemar lui est venu n'est autre que Renart, caché là sous ce buisson.

Chanteclair, que la leçon a piqué, est incurable ; l'orgueil et la forfanterie le poussent ; il traite Pinte encore une fois de folle et retourne se mettre *en sa poudrière au soleil.* Renart fait le mort et se tient coi ; Chanteclair s'endort ; Renart s'approche pour le happer, mais le manque. Chanteclair, qui le reconnaît enfin, saute sur un fumier et ici, la scène du Corbeau recommence : il s'agit pour Renart de décider Chanteclair à ne pas fuir et, qui plus est, à fermer les yeux, afin de se laisser prendre : *Ne fuis pas et n'aie crainte ; je ne suis jamais plus content que quand tu te portes bien, car tu es mon cousin germain,* lui dit Renart. Et à ce premier mot, Chanteclair, un peu rassuré, se met à chanter de joie. Renart, insistant sur le cousinage : *Souviens-toi de Chanteclin*, lui dit-il, *le bon père qui t'engendra :*

> *Jamais Coq si bien ne chanta ;*
> *Telle voix eut et si clair ton*
> *Que d'une lieue l'entendait-on,*
> *Et chantait fort à longue haleine,*
> *Les deux yeux clos et la voix saine ;*
> *D'une grand'lieue on l'entendait*
> *Quand il chantait et refrainait.*

Ce que Renart veut obtenir cette fois, c'est que le Coq ferme les deux yeux en chantant ; c'est, selon lui, la seule bonne méthode. Il n'est adresse ni rhétorique d'Ulysse qu'il n'emploie pour l'y décider. Chanteclair ne demande pas mieux, mais il prie Renart de s'éloigner au moins un peu et, à cette condition, il lui jure qu'il n'y aura voisin aux environs qui n'entende son fausset. Renart sourit de la condition et lui dit, en touchant toujours la corde filiale : *Chante, cousin ; je saurai bien si Chanteclin, mon oncle, te fut de quelque chose.* Chanteclair chante ; mais il chante comme il dormait d'abord, un œil clos et l'autre ouvert, et il regarde souvent de côté : *Ce n'est pas cela*, dit Renart, *Chanteclin chantait autrement, tout d'un trait, les yeux fermés, tant qu'on l'entendait par-delà les plessis.* À ce coup, Chanteclair n'y tient pas ; il commence sa mélodie en fermant les yeux de toutes ses forces et Renart, s'élançant par-dessus un chou rouge, le prend au cou et l'emporte.

La fable n'est pas finie ; n'oublions pas qu'avec les trouvères, nous sommes dans le récit épique : il ne s'agit pas de faire une fable courte, qu'on lit dans un livre, mais de réciter une action qui se développe, qui tient un auditoire en suspens et qui fait la joie du vilain. La poule Pinte voit le coup qu'elle avait, hélas ! prévu, et donne l'alarme. La femme gardienne du ménil comme c'était le soir, vient appeler ses poules et s'aperçoit du malheur ; maître Costant arrive à son tour : on court sus de tous côtés à Renart ; on le poursuit de menaces et de huées. Ici le Coq a un trait de génie : tout gêné qu'il est et à demi croqué par celui qui le tient à la gorge, il lui dit : *Eh quoi ! sire Renart, n'entendez-vous pas les infamies dont vous chargent ces vilains qui vous huent si fort ? Costant vous suit plus que le pas. Lancez-lui donc un de vos bons mots et, quand il criera : «Renart l'emporte», dites-lui en vous retournant : «Oui, et malgré vous !»* Il n'est si sage qui n'ait son moment de folie, qui ne *foloie* (*foloier*, quel joli mot !) ; Renart y fut pris cette fois ; l'idée lui parut heureuse et, au premier cri que lança Costant, il lâcha ce mot d'ironie : *Oui, malgré vous !* Mais pour cela, il lui fallut ouvrir la bouche ; le Coq, qui n'attendait que l'instant, en profita, battit des ailes et s'envola sur un pommier, d'où à son tour il fit en souriant la leçon au cousin Renart. Il y a ici une contre-partie et comme une revanche de la scène du Renart et du Corbeau.

Les modernes ont eu souvent sur ce canevas ou sur un canevas analogue des fables agréables et bien tournées : ainsi Florian dans sa fable *L'Écureuil, le Chien et le Renard* ; ainsi Le Bailly surtout dans *L'Écureuil et le Renard.* Ce dernier fabuliste semblerait s'être souvenu, en vérité, de l'ancien apologue et en avoir tiré quelques-uns de ses traits. Mais la différence qu'il y a entre ces modernes, ceux mêmes qui sont plus exclusivement et plus uniquement fabulistes que La Fontaine, et les anciens trouvères, c'est que ceux-ci se complaisent beaucoup plus aux détails domestiques et familiers, à tout ce qui est du monde et des mœurs des animaux, et qu'ils ne craignent ni de déroger, ni d'ennuyer en y insistant. Il est sensible qu'ils s'adressent à des imaginations un peu neuves et comme d'enfants, et qu'ils en tiennent eux-mêmes.

Je pourrais multiplier les exemples, mais il ne faut point abuser. Maintenant j'ai à marquer qu'à côté de ces parties du *Roman de Renart* toutes vives, naturelles et gracieuses, il en est d'un tout autre caractère. Dans les tours que fait Renart, il en est d'odieux, il en est d'infâmes et qui sont de la profanation la plus effrontée. Rois, pontifes, sacrements, la croisade, la confession, les funérailles, tout n'est que jeu pour cet hypocrite et ce pervers. Comme le sujet resta longtemps en circulation, il est évident que les esprits satiriques du temps y virent un cadre commode au dénigrement et qu'ils y embarquèrent petit à petit toutes sortes d'audaces. Sous le titre de *Renart le Novel* (*Le Nouveau Renart*), un poète des dernières années du treizième siècle, Jacquemard Gieslée, de Lille en Flandre, a fait un ouvrage de morale et d'allégorie dans lequel il a réuni toutes ces inventions de la fin, qui s'écartent de ce qu'il y avait d'abord de vif et d'enjoué dans les simples branches en apologues. Qui dit *allégorie*, en effet, dit corruption et décadence de l'apologue et de l'épopée. Dans cette nouvelle et dernière forme, Renart est pris pour synonyme de mal, de vice et de péché dans le sens le plus absolu du mot ; c'est Satan en personne usurpant le règne de la terre. Le sujet est la révolte de Renart contre Noble, le roi des animaux, honnête homme qui a des faiblesses et qui a le tort de pactiser en fin de compte avec Renart. À un certain moment de la guerre, Renart, désespérant de tenir dans sa forteresse de Malpertuis, construit un grand vaisseau allégorique, une arche de malice, destinée à embarquer tout son monde. Ce vaisseau, dont chaque partie et chaque agrès est un vice et une méchante pensée, est décrit d'une façon ingénieuse et pédantesque qui rentre déjà tout à fait dans le genre faux du quatorzième siècle et qui signale une véritable décadence de goût, en même temps qu'un raffinement très habile dans les idées. Un autre vaisseau, le vaisseau du bien, construit par le roi

Noble et offrant le symbole de toutes les vertus et qualités, tient la mer et lutte contre celui de Renart ; mais le traître regagne toujours ses avantages par la ruse ; il amène le roi à une fausse paix et signale par là son triomphe : le roi consent, pour s'en retourner chez lui, à monter sur le navire de Renart et il s'y trouve mieux que dans le sien propre. Dès lors, tout est dit ; Renart, sous un titre ou sous un autre, règne et gouverne, et il n'est personne qui ne reconnaisse sa puissance. Les ordres religieux du temps, les Jacobins et les Franciscains, viennent à l'envi lui demander d'être des leurs et de se mettre à leur tête. Il se contente de donner à chacun des Ordres un de ses fils pour gardien. L'ordre des Templiers et celui des Hospitaliers lui adressent la même demande ; chacun des deux réclame et tire à soi Renart qui, cette fois, se décide et obtient du Pape la permission d'appartenir aux deux ensemble. Son vêtement sera mi-parti, à droite d'Hospitalier et de Templier à gauche ; à gauche, il aura la barbe longue, il sera rasé à droite et il les gouvernera les uns les autres. Je cours sur ces audaces finales qu'on entrevoit assez, et que déplore le poète tout en les racontant et les dénonçant comme le signe d'une société perdue et d'un siècle désespéré.

Certes elle était malade, en effet, et en danger de se dissoudre, cette société finissante du Moyen Âge qui engendrait ce dernier *Roman de Renart* comme peinture et expression d'elle-même : pourtant elle avait des ressources encore, de la force héroïque et des exemples à opposer tout à côté de cette corruption des subtils et des lâches. Il n'est pas bon, même quand on étudie le passé, de rester sur ces impressions décourageantes et je veux indiquer l'antidote après le poison, un poème d'honneur et de courage en face de ce tableau d'hypocrisie consommée et de rouerie impudente. Qu'on ouvre le chant ou récit du *Combat des Trente*, ce fragment épique qui retarde en quelque sorte au milieu du quatorzième siècle et qui raconte dans la forme des chansons de geste un dernier grand duel chevaleresque, le combat de trente Anglais et de trente Bretons[3] (1350). C'est l'épisode épique le mieux détaché peut-être qui se puisse présenter. Les beautés toutes rudes y sont concentrées et fortes. Quand tout changeait autour d'elle et que la littérature à la mode se surchargeait de vaines recherches d'école, l'Armorique un peu arriérée et cantonnée restait fidèle à la vieille forme poétique comme aux vieilles mœurs ; elle restait surtout fidèle à ce courage qui est toujours prêt en France à renaître et à sortir quelque part sur terre, quand les grands raisonneurs disent qu'il a disparu.

Ici le trouvère est sérieux et grave ; il est sincèrement religieux ; il s'adresse au début à tous les gens de bien et d'honneur, non aux traîtres ni aux jaloux ; il veut raconter comment, un jour, trente Anglais et trente Bretons se combattirent, cette noble bataille qui a nom *des Trente.* Il commence et il finira par prier le Dieu qui mourut en croix d'avoir pitié des âmes de tous ceux qui combattirent ce jour-là et qui sont morts la plupart au moment où lui, trouvère, il raconte : tous tant qu'ils sont, soit Bretons, soit Anglais, il ne les sépare point dans sa prière.

Dagorne, le chef anglais, est mort ; Bombourg lui a succédé ; mais il n'observe pas la même trêve qui consistait, dans ces guerres de nobles, à épargner le menu peuple et *ceux qui travaillent le blé.* Le bon chevalier Beaumanoir va vers lui et lui dit, dans un sentiment tout humain qui est rare au Moyen Âge, qui manque chez Froissart, historien de Cour, et qu'on est heureux de retrouver ici :

---

3. *Le Combat de trente Bretons contre trente Anglais*, publié par M. Crapelet, 1835.

Chevaliers d'Angleterre, vous faites grand péché
De travailler les pauvres, ceux qui sèment le blé...
Si laboureurs n'étaient, je vous dis ma pensée,
Les nobles conviendraient travailler en l'airée [aux champs],
Au fléau, à la houe, et souffrir pauvreté ;
Et ce serait grand'peine quand n'est accoutumé.

En les citant, j'altère le moins possible ces espèces d'alexandrins qui sont à l'état brut. Dans cette forme épique du *Combat des Trente*, le poète procède ainsi par couplets de longueur inégale, où tous les vers sont sur une seule rime, ou du moins sur une seule assonance. Cette monotonie, à la longue, produit son effet et fait vibrer la fibre. C'est une forme mnémonique et qui, à force de retomber sur le même ton, inculque le fait ou le trait dans la mémoire.

Bombourg répond fièrement à l'ouverture de Beaumanoir ; il ne veut entendre à aucun adoucissement : Montfort sera duc de la noble duché, Édouard d'Angleterre sera roi de France. Beaumanoir s'incline et répond humblement :

Songez un autre songe, celui-ci est mal songé.
Ceux qui le plus en disent, à la fin leur méprend.

Dans tout ce début très simple, il y a un certain art du trouvère. Il met la bravade du côté des Anglais, de ceux qui auront le dessous. Cependant Beaumanoir propose à Bombourg de s'ajourner pour combattre à jour fixe et là, au nombre de soixante ou quatre-vingts ou cent, de vider la querelle, de trancher entre les deux prétendants la question du droit. Bombourg consent à la proposition de Beaumanoir ; il est convenu qu'on sera trente de chaque côté et que l'on combattra proche de Ploërmel.

Beaumanoir revient au château de Josselin, proclame l'entreprise et se met à choisir entre ses barons. Tous ceux qu'il choisit, soit chevaliers, soit écuyers, sont désignés nommément, sans qu'un seul soit oublié ; chacun obtient son épithète d'honneur. – Bombourg, de son côté, fait de même ; il complète son nombre de vingt Anglais par six bons Allemands et quatre Brabançons. Ses hommes obtiennent aussi des épithètes honorables ; quelques-uns pourtant y sont présentés comme tenant du rusé et du *renard.*

Le jour venu où l'on doit se rendre sur le pré, Beaumanoir exhorte ses compagnons ; il leur fait dire une messe ; chacun a reçu l'absolution et prend son sacrement au nom du roi Jésus. Son discours est d'un héros pieux. Bombourg, de son côté, assemble aussi les siens ; mais il leur déclare qu'il a fait lire ses livres de prophétie et que Merlin (l'enchanteur) leur a promis la victoire. Il y a là un reste de païen ou un commencement d'hérétique qui jette sur lui de la défaveur et qui montre que sa cause n'est pas pure.

Bombourg, avec ses trente compagnons, est venu le premier sur le pré ; il s'écrie à haute voix : *Beaumanoir, où es-tu ?* Il semble déjà l'accuser d'avoir faussé sa parole et de se tenir pour défait. Mais à peine a-t-il laissé échapper ce mot que Beaumanoir a paru.

Ici Bombourg, qui est brave, a comme un pressentiment soudain de sa destinée. Lui qui vient de s'avancer avec une sorte de jactance, il hésite et recule ; il demande à Beaumanoir de remettre la partie, d'en faire savoir la nouvelle à leurs rois, au gentil Édouard d'Angleterre et au roi de Saint-Denis. – Beaumanoir répond qu'il va en conférer avec les siens.

Il revient donc vers son monde et leur annonce que Bombourg voudrait changer le jour et qu'on s'en retournât sans frapper de grands coups ; il leur demande leur avis. L'un d'eux, Charuel, change de couleur à cette idée et déclare honni celui qui ne maintiendra pas la cause du bon duc légitime (Charles de Blois) et qui s'en ira sans donner de coups d'épée. – *Cette chose m'agrée*, dit Beaumanoir ; *allons à la bataille, ainsi qu'elle est jurée.*

Il revient à Bombourg, qui lui représente encore que c'est folie à lui d'exposer ainsi à la mort la fleur de la duché ; car une fois morts, on ne trouvera jamais à les remplacer. – *Gardez-vous de croire*, répond Beaumanoir, *que j'aie amené ici toute la chevalerie de Bretagne, car ni Laval, ni Rochefort, ni Rohan et bien d'autres n'y sont ; mais il est bien vrai que j'ai avec moi une part de cette chevalerie et la fleur des écuyers...* Bombourg reprend la bravade et l'invective. Le combat est engagé.

Au premier choc, les Bretons ont le dessous ; trois ou quatre d'entre eux sont quasi morts et faits prisonniers. Tristan, qui se sent grièvement blessé, s'écrie : *Beaumanoir, où es-tu ?* À un certain moment et après ce premier assaut, tous, d'un commun accord, s'entendent pour aller chercher à boire, car chacun a dans sa bouteille du bon vin d'Anjou, et ils reviennent au combat sans retard.

La bataille est rude dans la prairie : les Bretons ont cinq des leurs hors de combat ; ils ne sont plus que vingt-cinq, lorsqu'un écuyer, Geoffroy de La Roche, demande à être fait chevalier de la main de Beaumanoir, au milieu de l'action. Image touchante, qui signifie qu'un guerrier manquant, un autre à l'instant se lève. Beaumanoir lui donne la chevalerie au nom de la sainte Vierge, lui rappelle son aïeul qui s'est illustré à Constantinople et jure que les Anglais le payeront avant l'heure de complies. Bombourg l'entend et lui crie avec ironie : *Rends-toi vite, Beaumanoir ; je ne te tuerai pas, mais je ferai de toi un présent à mon amie, car je lui ai promis que, sans mentir, aujourd'hui je te mettrai dans sa chambre jolie.* Là-dessus, c'est à qui vengera Beaumanoir de l'insulte : Bombourg tombe frappé à mort.

Cependant, la bataille n'est pas gagnée ; elle dure, acharnée et pesante. Les Allemands et les Anglais se mettent en masse et se serrent comme s'ils étaient liés ; il n'y a pas moyen de les entamer. Les coups que les combattants s'entre-donnent vont retentissant à un quart de lieue à l'entour ; la chaleur est grande ; chacun est trempé ; la sueur et le sang pleuvent comme rosée : *De sueur et de sang la terre rosoya.*

Ce jour-là, qui était le bon samedi avant le dimanche où l'Église chante *Lætare Jerusalem*, Beaumanoir avait jeûné ; et à ce milieu du combat, blessé, il eut soif et demanda à boire. Messire Geoffroy de Boves, l'un de ses compagnons, lui répondit :

Bois ton sang, Beaumanoir, la soif te passera.
Ce jour aurons honneur ; chacun y gagnera
Vaillante renommée...

Et Beaumanoir, que cette parole enflamme, se remet si vivement à l'action que, de colère et de douleur, *la soif lui passa.*

Expression d'un héroïsme sublime et naturel ! Qu'on ne nous parle plus des romances du Cid pour en faire honte à nos vieux trouvères : ici, il y a des accents tout pareils, que le vieux chantre patriotique a pris sur le vif et tirés de ces rudes courages.

Ce que le trouvère n'a pas cherché, mais ce qui ne laisse pas de frapper encore et d'émouvoir, le combat continuant, c'est le contraste du lieu riant et frais et de la mêlée si lourde et si sanglante : *Dedans un très beau pré, sur une douce pente, à mi-voie de Josselin et du château de Ploërmel, au chêne que l'on appelle de la mi-voie, le long d'une genestaie qui était verte et belle...* Il y a là un sentiment comme involontaire de la nature, un souvenir circonstancié de la terre de la patrie, qui ajoute à l'effet simple et grandiose. – Si le poète y a pensé, ce n'est pas pour y voir un contraste, mais plutôt pour y noter un accord entre cette belle nature chérie et ce beau fait d'armes glorieux : son patriotisme marie tout cela.

C'est assez pour montrer que le Roman de Renart n'est pas l'unique et dernier mot de ce Moyen Âge finissant, que, si la Renardie règne ici, la Chevalerie dure, se maintient et recommence ailleurs, et que la race des Beaumanoir, des du Guesclin, des Bayard, n'est jamais éteinte.

L'envie m'a pris de chercher dans l'Antiquité, parmi les duels mémorables, lequel se pouvait comparer par quelque trait au combat des Trente. Il en est un dont parle Hérodote. Sparte et Argos étaient en guerre : il s'agissait d'un lieu important appelé Thyrée, que réclamaient les deux peuples. Il fut convenu que trois cents hommes seulement de part et d'autre en viendraient aux mains et que le territoire contesté appartiendrait aux vainqueurs. Les deux armées ne devaient point assister au combat, afin de n'être point tentées de venir au secours du plus faible. On combattit donc, trois cents contre trois cents, c'est-à-dire à extinction. Tous les Lacédémoniens étaient morts ou mortellement blessés ; deux Argiens seuls restaient debout et, dans leur empressement, ils coururent à Argos annoncer leur victoire. Pourtant, un des blessés mourants parmi les Lacédémoniens, le nommé Othryadès, se soulevant sur le champ de bataille ensanglanté et se voyant seul, eut assez de force et de souffle encore pour dépouiller un vaincu, pour dresser un trophée, chose sacrée et qu'avaient oubliée les autres, et sur le bouclier il écrivit de son sang : *La victoire est aux Lacédémoniens.* Puis il expira. Quand les Argiens revinrent, ils trouvèrent le trophée debout, l'inscription encore fumante et Othryadès qui rendait l'âme à côté ; mais la victoire était acquise et consacrée : la religion défendait de renverser un trophée. Les poètes ont fait à ce sujet des pièces de vers en divers sens, et l'on a de Simonide cette épitaphe triomphante des Spartiates :

Nous les trois cents qui avons, ô Sparte notre mère, combattu pour Thyrée contre un pareil nombre d'Argiens – sans tourner la tête – là où nous avions marqué le pied, là même nous avons laissé la vie. Mais ce trophée tout couvert du sang généreux d'Othryadès proclame : «Thyrée, ô Jupiter, est aux Lacédémoniens.» Que si quelqu'un des Argiens a échappé à son destin, c'est qu'il tenait du fuyard Adraste. Mais pour Sparte, ce n'est pas de mourir, c'est de fuir qui est proprement la mort.

C'est ainsi qu'à distance, les âges héroïques se rencontrent et que les poésies, si inégales et si différentes qu'elles soient, se répondent par certains accents et par le cœur. Le vieux trouvère, dans sa simple rudesse, a peut-être même mieux réussi que Simonide et le sang d'Othryadès parle moins haut chez l'un que chez l'autre le sang de Beaumanoir.

Quant à l'idée que j'ai eue dans ce petit chapitre de vieille littérature, elle pourrait se résumer en ces mots : le *Roman de Renart* et son correctif.

11 juillet 1853. *Causeries du lundi*, t. VIII, pp. 248-261

Ronsard

Ronsard est jeune quand il conçoit son dessein ; pourtant il a déjà vécu, voyagé ; il a fait légèrement ses premières études et les a manquées ; il est devenu page et, encore enfant, il a couru le monde ; il est allé en Angleterre, en Écosse, en Hollande, en Allemagne, en Piémont. À le voir, on le croirait tout destiné au monde et aux armes, voué au service des princes. Il est de belle taille, de mine élégante, alerte et adroit aux exercices du corps, le front ouvert, l'air noble et généreux ; il a la conversation agréable et facile. Une surdité qui lui survient et qui l'afflige dès sa jeunesse lui est un premier temps d'arrêt, un premier rappel intérieur qui le sollicite à la retraite. Et surtout, il y avait alors dans l'air un grand souffle et un grand courant qui enlevait et qui embrasait toutes les âmes studieuses et, parmi les ignorants mêmes, tous ceux qui étaient capables d'une ambition vraiment libérale. Ce mouvement de la Renaissance, comme on l'a vu du mouvement de 89, était un de ces puissants et féconds orages auxquels la jeunesse ne résiste pas. Ronsard en fut atteint ; Lazare de Baïf, auprès duquel il avait été quelque temps en Allemagne, l'initia à ce goût nouveau d'études. Ronsard prit une grande résolution : à l'âge de dix-sept ans, après sept ou huit années de courses, de dissipations, il se dit qu'il fallait être homme, compter dans son temps par un genre d'ambition et de succès qui ne ressemblât point à un autre et cueillir la seule palme qui ne se flétrît pas. De retour à Paris, il s'enferma dans un collège auprès de Jean Dorat pour maître et, pendant sept ans (1542-1549), avec quelques condisciples de sa trempe et qu'il excitait de sa propre ardeur, il refit de fond en comble son éducation. Il lut tous les poètes anciens, surtout les Grecs, chose très neuve alors en France. Ce que fera un jour Alfieri à un âge plus avancé, Ronsard le fit plus jeune, mais par un même principe d'opiniâtre volonté ; il se dit : *Je serai poète, je le suis* ; et il le fut. Il sortit de là plein d'enthousiasme et chargé de munitions poétiques, et il leva son drapeau. Lui et ses amis, ils avaient conjuré ensemble pour que la langue française eût enfin une haute poésie et ils se mirent incontinent à l'œuvre pour la lui donner (1550).

Au moment où s'essaya Ronsard, la tradition du Moyen Âge chez nous était toute dispersée et rompue, sans qu'il eût à s'en mêler ; ces grands poèmes et chansons de geste qui reparaissent aujourd'hui, un à un, dans leur vrai texte, grâce à un labeur méritoire, étaient tous en manuscrit, enfouis dans les bibliothèques et complètement oubliés ; on n'aurait trouvé personne pour les déchiffrer et les lire. Depuis un siècle, on n'avait sur tout cela en France que des romans en prose interminables, affadissants. Rabelais, après Villon, était venu et avait fait sa parodie bouffonne, dont le rire au loin retentissait. Ronsard, qui n'avait pas le génie et qui n'était qu'un homme de talent poussé d'érudition, prit la poésie française au point où elle était et vit, avant tout, un progrès à faire, une victoire à remporter sur Marot et sur Mellin de Saint-Gelais. Il marque nettement chez nous l'époque et l'avènement de la Renaissance et en est le produit direct en français : elle avait retardé jusque là, elle fit irruption avec lui.

Ce n'est pas à dire qu'avec plus de ressources et d'imagination, il n'eût pu être un poète de Renaissance tout autrement vif, inventif et léger. À le prendre tel qu'il fut, il eut son utilité et son mérite. Ses premières œuvres, ses *Odes* (1550), sont remplies d'un feu de tête qui se ressent de la vie renfermée et de l'espèce de serre chaude où il s'était nourri. Il rougirait de paraître imiter en rien les Français, ses prédécesseurs et devanciers, *d'autant*, dit-il, *que la langue est encore en son enfance.* Il s'est éloigné d'eux tant qu'il a pu, *prenant style à part, sens à part, œuvre à part.* Une louange donnée pour la forme à Marot mort, à Héroët, à Scève et à Mellin de Saint-Gelais vivants, ne contredit pas cette prétention qu'il a de marcher le seul et le premier par un sentier inconnu. Ce sentier, non frayé jusque là, consiste à se jeter tout à fait du côté des Anciens, à suivre de près Pindare, Horace ; il met son orgueil à les reproduire, à se modeler sur eux. À l'instar de ces maîtres, il apporte aux Français l'*ode*, le nom et la chose, et il se pique de l'offrir dans toute sa variété. Il n'écrit pas pour les rimeurs du jour ni pour les courtisans, dit-il, *qui n'admirent qu'un petit sonnet pétrarquisé ou quelque mignardise d'amour* qui n'a qu'un propos et qu'un ton ; mais il s'adresse aux *gentils esprits, ardents de la vertu.* Il a à cœur d'illustrer, de promouvoir notre langue et de montrer aux étrangers qu'elle devancerait la leur si ces beaux diseurs médisants, qui s'attaquent déjà à lui et qui combattent proprement des ombres (il les appelle d'un mot grec effrayant, *schiamaches*), voulaient aussi bien s'appliquer à la défendre et à la propager.

J'ai sous les yeux dans l'édition première ces *Odes* de Ronsard ; je les disais autrefois presque illisibles : j'avoue qu'elles continuent de me paraître bien hérissées et bien rudes. Quelques pièces vives ou même touchantes, telles que l'*Élection de mon sépulcre*, des vers *À la fontaine Bellerie*, une épode impétueuse contre une certaine Jeanne trop cruelle, des strophes éparses, voilà ce qu'on y peut glaner. La jolie pièce : *Mignonne, allons voir si la rose...*, n'y était pas d'abord et n'a été introduite que dans des éditions suivantes. Ronsard a le souffle généreux et une certaine force inhérente à son talent : c'en est un trait distinctif ; mais cette force insuffisante, et qui le trahit dans les grands sujets, réussit mieux et le sert quand il se rabat aux moindres. C'est ainsi qu'il a quelquefois du nerf et de la netteté brillante dans la grâce.

Les *Amours* de Ronsard, qui succédèrent (1552), sont moins tendues que les premières odes et offrent, malgré la monotonie, quelque agrément. Le poète, dans ces sonnets, imite habituellement Pétrarque et, par endroits, avec fraîcheur et sentiment ; il y a des expressions heureuses, de ces images qui enrichissent la langue poétique :

> *Sur le métier d'un si vague penser*
> *Amour ourdit les trames de ma vie.*

L'année suivante (1553), le docte Muret jugea à propos de commenter ce recueil de sonnets ; il voulait venger Ronsard contre la critique des ignorants, contre l'arrogance, disait-il, de ces *acrêtés Mignons* dont *l'un le reprenait de se trop louer, l'autre d'écrire trop obscurément, l'autre d'être trop audacieux à faire de nouveaux mots.* Muret convient cependant que, dans ce volume, *il y a quelques sonnets qui d'homme n'eussent jamais été bien entendus si l'auteur ne les eût, ou à lui ou à quelque autre, familièrement déclarés* et expliqués. Dès ce moment, la réputation de Ronsard, aidée de ce concours des doctes et de quelques hautes protections en Cour, triompha de toute résistance ; Mellin de Saint-Gelais avait rendu les armes et, dans les années suivantes, Ronsard, goûté des princes et adopté de la jeunesse, n'eut plus qu'à développer et à varier les applications de son talent. Il l'assouplit en effet et, dans les nouvelles *Amours* qu'il ajouta aux premières, dans les odes ou chansons qu'il y entremêla aux sonnets, il eut des notes où le feu, la verve et la facilité se font encore aujourd'hui sentir : *Quand j'étais libre, ains qu'une amour nouvelle*, etc. ; *Or que l'hiver roidit la glace épaisse*, etc. ; *Quand ce beau printemps je vois*, etc. Il y a plaisir ici et profit à le parcourir ; on est vraiment avec un poète. La musique se mariait à ses vers ; on le chantait sur les instruments et il devenait aussi populaire qu'il pouvait l'être.

Dans cette seconde période de sa carrière et de son talent, on voit Ronsard devenu un poète assez facile, et plutôt trop facile ; il manie avec une grande aisance le vers alexandrin et y dit ce qu'il veut, mais avec quelque prolixité et longueur. Il est en quête de sujets et ne trouve pas en lui matière à vaste conception ; il médite sa *Franciade* qu'il combine assez froidement et pour laquelle il attend des encouragements et récompenses, faute de quoi il ne l'achèvera jamais. Et cependant, il s'exerce en bien des genres qu'on pourrait dire noblement tempérés, dans l'épître, le poème moral, et il y fait preuve de sens et de talent ; ainsi dans une de ses pièces qui lui attirèrent le plus d'inimitiés, dans son *Discours des misères de ce temps* adressé à la reine Catherine de Médicis à l'occasion des troubles et des premiers massacres de religion dont le signal fut donné en 1560, il disait, après avoir dépeint l'espèce de fureur soudaine qui s'était emparée des esprits :

Mais vous, Reine très sage, en voyant ce discord,
Pouvez, en commandant, les mettre tous d'accord.

La plupart des critiques que l'on a adressées à la première manière ardue et rocailleuse de Ronsard trouveraient peu leur application, à considérer cette portion plus rassise de ses œuvres ; je lui reprocherais plutôt d'y être trop détendu et de se relâcher dans le prosaïque, bien que de temps en temps il y ait des retours de verve et que le cheval de race y retrouve des élans.

Si l'on voulait s'en prendre aux événements de ce que l'homme n'a pas su accomplir, il serait naturel de faire comme Ronsard et d'accuser les guerres civiles et domestiques ; elles lui furent plus contraires qu'à personne et, dès 1562, il éprouva, pour s'être loyalement déclaré en faveur de l'ordre existant et de l'Église établie, la fureur et la malignité des factions. Il y eut alors un premier échec porté à sa renommée, et un grand dérangement dans sa tranquillité et ses loisirs. Des amis, des disciples de la veille se tournèrent contre lui et l'insultèrent dans des libelles dont quelques-uns se sont conservés. Ronsard, selon l'usage du temps, avait reçu pour récompense de ses vers des bénéfices ; les Réformés et prédicants le traitèrent comme ils auraient fait un gras prieur ou un abbé repu. Je laisse de côté bien d'autres aménités dont on le gratifia dans cette querelle de littérature et de théologie mêlées ; il y eut de ces fines injures qui allaient jusqu'à la moelle et dont le seizième siècle, sur la matière que Fracastor a célébrée[1], n'était jamais avare.

Par compensation, Ronsard reçut du pape Pie V un bref qui le remerciait de s'être montré en faveur de la religion. La religion de Ronsard d'ailleurs, en cet âge de fanatisme, paraît avoir été celle d'un homme sage. Il a exprimé son sentiment d'indifférence philosophique autant qu'orthodoxe pour toutes ces divisions et variations des sectes :

L'un se dit zwinglien, l'autre luthérien,
Et fait de l'habile homme au sens de l'Écriture.
....
Chacun songe et discourt, et dit qu'il a raison.

---

1. [La syphilis.]

C'est dans un sonnet adressé à Louis, prince de Condé, qu'il parle de la sorte, et il n'a tenu qu'à ce prince, fauteur et soutien de la Réforme, d'y voir une leçon.

Ce qui me frappe chez Ronsard poète, et poète si honorable, si laborieux et même si modeste après son accès de fougue première, c'est comme il se casse de bonne heure, comme il devient vite incapable d'autre chose que de courtes poussées et comme il a le sentiment que la poésie, ainsi que la jeunesse, gît toute dans la chaleur du sang et s'évanouit avec elle. Il a exprimé cela admirablement dans une épître à son ami Jean Galland ; il lui dit :

Comme on voit en septembre aux tonneaux angevins
Bouillir en écumant la jeunesse des vins
Qui, chaude en son berceau, à toute force gronde
Et voudrait tout d'un coup sortir hors de sa bonde,
Ardente, impatiente, et n'a point de repos
De s'enfler, d'écumer, de jaillir à gros flots,
Tant que le froid Hiver lui ait dompté sa force,
Rembarrant sa puissance aux berceaux d'une écorce :
Ainsi la poésie, en la jeune saison,
Bouillonne dans nos cœurs...

Mais quand vient l'âge de trente-cinq ou quarante ans (c'est la limite qu'il assigne), le sang se refroidit ; adieu la Muse et les belles chansons :

Nos lauriers sont séchés et le train de nos vers
Se présente à nos yeux boiteux et de travers ;
Toujours quelque malheur en marchant les retarde,
Et comme par dépit la Muse les regarde.

Il faut lire toute la pièce, qui, avec celle des *Muses délogées*, est une des meilleures du Ronsard mûri, ou plutôt vieilli, et l'on conçoit, à la lecture de tels vers, qu'on ait rapproché de son nom celui de Corneille. Régnier, dans sa chaude veine, n'a rien fait de mieux. Mais Ronsard, qui n'a plus que des rencontres et par-ci par-là de ces bons accidents, s'en prend alors de son peu d'entrain et de son ralentissement aux rois et aux princes qui ne l'ont pas assez récompensé ni fait assez riche : au fond, il ne devrait s'en prendre qu'à lui et à sa nature. Cet *esprit gaillard* et ce *cœur généreux* (c'est ainsi qu'il se qualifie avec raison) n'a pas su assez dégager la poésie de la fougue même du tempérament ; sa santé s'est fatiguée avant qu'il ait régulièrement mûri ; il n'a pas eu deux jeunesses. Sauf de rares passages dans le ton de ce que je viens de citer, sauf de courts moments où le vieux coursier de guerre se redresse comme au son du clairon, il s'oublie, il se traîne ; il ne donne pas à sa propre manière son perfectionnement graduel et, après une si fière et tumultueuse entrée, il a une fin lente, inégale et incertaine. Il meurt à soixante et un ans (1585), mais il a commencé d'être le *bonhomme Ronsard* de bonne heure, vers cinquante ans et plus tôt – à l'âge où Malherbe, qui est au contraire un poète de vieillesse, acquerra seulement sa pleine verdeur.

Cela est si vrai que, lorsqu'il veut se corriger lui-même, Ronsard n'a pas la main sûre ni le tact heureux ; il lui arrive de retrancher, on ne sait pourquoi, de ses dernières éditions des vers qui sont charmants, et du petit nombre de ceux qui paraîtront tels à tous les yeux. Ses admirateurs, dans le temps, ne s'expliquaient pas cette sévérité et ils ont rétabli après lui ces pièces qu'on dirait plutôt de choix que de rebut. Voici un sonnet touchant, mélancolique, qu'il avait rejeté et que la postérité a accueilli ; il l'adressait à sa dame en lui envoyant un bouquet, une après-midi :

Je vous envoie un bouquet que ma main
Vient de trier de ces fleurs épanies ;
Qui ne les eût à ce vêpre cueillies,
Chutes à terre elles fussent demain.

Cela vous soit un exemple certain
Que vos beautés, bien qu'elles soient fleuries,
En peu de temps cherront toutes flétries,
Et comme fleurs périront tout soudain.

Le temps s'en va, le temps s'en va, ma Dame ;
Las ! le temps non, mais nous nous en allons,
Et tôt serons étendus sous la lame.

Et des amours desquelles nous parlons,
Quand serons morts, n'en sera plus nouvelle.
Pour ce aimez-moi cependant qu'êtes belle.

Un des plus beaux sonnets de Ronsard, et qui le caractérisent le mieux dans son feu d'étude, dans sa fièvre de poésie et de travail, c'est celui qui commence par ces vers empressés, impétueux :

Je veux lire en trois jours l'«Iliade» d'Homère,
Et pour ce, Corydon, ferme bien l'huis sur moi...

Il y ordonne à ce laquais, Corydon, de tenir sa porte exactement close et ne de le déranger pour rien au monde, sous peine d'éprouver à l'instant sa colère. Il n'y aurait que le cas unique où quelqu'un viendrait de la part de sa maîtresse Cassandre : oh! alors la consigne tomberait à l'instant ; mais hormis pour elle, il est invisible à l'univers :

Au reste, si un dieu voulait pour moi descendre
Du ciel, ferme la porte et ne le laisse entrer.

Je le crois bien : en lisant avec cette passion l'*Iliade* d'Homère, il est déjà avec les dieux mêmes et avec les héros, fils des dieux. Dans cette petite pièce, on sent toute l'ardeur de la Renaissance, cette avidité d'apprendre, de dévorer, de s'incorporer les Anciens. Si Ronsard sort d'une lecture ainsi forcée avec une poésie un peu haute en idée, mais inégale et indigeste, et *la tête montée*, comme il dit, on n'en sera pas surpris. Excusez-le s'il ne gouverne pas son français comme il le faudrait : il vient de faire un excès d'Homère ou de Pindare. C'était une grande nouveauté alors en France de lire Homère en grec ; on ne s'en avisait que depuis peu, et notre poète, non content de l'étudier sans cesse, voulait encore l'imiter, le reproduire et doter son siècle et son pays d'un poème épique : vain effort, mais noble pensée !

Ici je ne puis m'empêcher de remarquer combien l'influence d'Homère, de ce grand poète naturel, fut petite dans notre littérature ou, pour parler plus exactement, combien elle en fut absente ; quels sont les grands écrivains français qui auraient pu s'aller promener aux champs en emportant un Homère, rien que le texte, ou qui, s'enfermant comme Ronsard en des heures de sainte orgie, auraient pu avoir raison en trois jours de l'*Iliade* ou de l'*Odyssée* ? Quels sont-ils, grands prosateurs ou poète ? Et selon que cette lecture directe et familière leur a été possible ou non, n'y aurait-il pas un certain trait à en déduire par rapport à chacun, une certaine réflexion qui porte sur l'ensemble du talent ? Et aussi, cette revue faite, n'y a-t-il pas une conclusion générale à tirer sur le caractère presque exclusivement latin de notre littérature ?

Avant Ronsard, il n'est chez nous qu'un seul écrivain célèbre, un seul qui soit capable de cette lecture largement prise à la source : c'est Rabelais, également lecteur de Platon, d'Hippocrate ou d'Homère ; et au milieu de ses bruyantes facéties – à l'ampleur, au naturel et à la richesse aisée de sa forme – il s'en ressent. Depuis Ronsard, je cherche en vain un poète, un écrivain de renom dans son siècle, qui soit comme lui, je ne dirai pas de la religion, mais de la familiarité et de la fréquentation homérique. Ce n'est pas Desportes, déjà tout italien et déchu des grandes sources ; ce n'est pas le doux et languissant Bertaut ; ce n'est pas le vigoureux Régnier, purement participant des satiriques italiens et latins. Ce n'est même pas Montaigne ; entre Homère et Virgile, si on les veut comparer, l'auteur des *Essais* se récuse et avoue bonnement qu'il n'est pas juge : *Moi qui n'en connais que l'un*, dit-il, *puis seulement dire cela, selon ma portée, que ne crois pas que les Muses mêmes allassent au-delà du Romain.* D'Homère cependant, il est très tenté de faire un des trois plus excellents hommes et presque un dieu, mais il ne le lit pas. Il aimerait moins Sénèque, s'il le lisait.

La Fontaine devine Homère comme toutes choses ; il le lit je ne sais comment, mais je croirais volontiers qu'il l'a vu en face ; il est si digne d'en tout comprendre ! Molière, qui sait son Lucrèce, n'a guère eu le temps ni l'occasion, près de Gassendi, d'aller jusqu'à Homère. La Bruyère l'entend, à coup sûr ; mais en a-t-il bien profité ? Fléchier, dans sa politesse ingénieuse, écrit toujours et en toute occasion comme quelqu'un qui ne l'a ni lu, ni entrevu. Bossuet, dans une *Instruction sur le style oratoire*, écrit : *Les poètes aussi sont de grand secours. Je ne connais que Virgile – et un peu Homère.* Il est vrai qu'il écrivait cela avant d'être chargé de l'éducation du Dauphin ; dans le cours de cette éducation, il eut des loisirs et il put se remettre à cette lecture, moins faite pourtant que celle d'un David pour son génie. C'est à Fénelon qu'il faut en venir pour posséder l'esprit familier et adouci d'Homère, tout ce qui pouvait alors se naturaliser de lui en France et y être à l'usage de chacun dans une prose suave et persuasive.

Depuis Fénelon, et durant tout le dix-huitième siècle, nous n'avons à attendre, si nous prononçons le nom d'Homère, que des réponses négatives et sèches. Fontenelle, La Motte, il ne faut point leur en parler : ils ne le lisent pas, et ils l'abrègent. Sans le connaître, ils sentent en lui comme un grand ennemi personnel et ils le voudraient supprimer. Par malheur, aucun de nos grands prosateurs d'alors, ni Montesquieu, ni Voltaire, ni Buffon, ni Jean-Jacques, n'ont lu directement Homère : il n'est entré pour rien dans la composition et dans la trempe de leur talent ; on s'en aperçoit à leur cachet. Ce n'est pas la bonne volonté pour Homère qui a manqué à Diderot et, sans guère le lire, il a dû plus d'une fois en causer de près et par bouffées avec son ami l'Allemand Grimm, l'ancien élève d'Ernesti. Celui qui l'a lu (j'entends toujours lu à la source), dans tout ce monde du dix-huitième siècle, ce n'est ni d'Alembert, ni Duclos, ni Marmontel, ni même le critique La Harpe, dont ce serait pourtant le devoir et le métier ; ce n'est pas même Fontanes, d'un goût si pur, mais paresseux. Nommons vite André Chénier pour nous rattacher avec lui au sol sacré et au vrai rivage. Bernardin de Saint-Pierre, par une grâce du Ciel, avait déjà reconnu de loin la grande plage antique et, sans y aborder, il l'avait saluée à l'horizon. Ajoutons aussi que Chateaubriand, malgré une éducation classique très incomplète, avait su, dans les solitaires études de sa jeunesse, revenir directement et mordre tant bien que mal au texte d'Homère ; il en avait ressaisi, pour les reproduire, l'esprit, la grandeur ou même le charme, autant qu'on le peut sans la simplicité. Je ne pousserai pas plus loin, ni auprès de plus modernes, ma question qui deviendrait indiscrète : *Lisez-vous, avez-vous lu Homère ?* Ce désordonné Ronsard, avec sa débauche de trois jours, me l'a suggérée.

13 et 20 octobre 1855. *Causeries du lundi*, t. XII, pp. 57-92

François Villon

Si Villon a eu bien des traverses et des mésaventures dans sa vie, il a eu bien du bonheur après sa mort, le plus grand bonheur et la meilleure fortune pour un poète : il a fait école ; il a fait tradition et a eu même sa légende. Ce nom de *Villon* qu'il portait et qu'il a rendu célèbre n'était pas le sien ; il l'avait emprunté, et il l'a tellement popularisé qu'il l'avait fait entrer un moment dans la langue : on disait *villonner* comme *pateliner*, *lambiner*, et depuis comme *escobarder*, *guillotiner*. *Villonner* signifiait, il est vrai, une vilaine chose, duper, tromper, friponner, payer en fausse monnaie. Mais ne frappe pas de cette fausse monnaie dans la langue, ne la met pas en circulation, qui veut. Depuis sa mort, ce Villon qui avait frisé la potence, considéré comme l'un des pères de la poésie, s'est vu, à chaque reprise et à chaque renaissance littéraire, recherché des meilleurs et salué. Marot, dès la Renaissance de François Ier, se rattachait à Villon, se refaisait son éditeur sur l'invitation du prince et avait l'air de dater de lui comme d'un ancêtre et du plus ancien poète français qu'on pût atteindre. Plus d'un siècle après, Boileau lui faisait l'honneur de commencer par lui l'histoire, nécessairement très écourtée, qu'il donnait de notre ancienne poésie. Depuis lors, Villon n'a pas cessé d'être en vue et d'être cité pour quelques jolis morceaux, pour quelques ballades excellentes. Le poète, très apprécié des romantiques, ouvrait la marche dans la série des *Grotesques* de Théophile Gautier, qui en traçait un portrait de verve où l'homme est deviné sous le poète et où Villon apparaît dans son relief comme le roi de la vie de bohême.

Telle est la singulière destinée de Villon. Je ne voudrais rien retirer au vieux poète, mais il me semble qu'il est en train de subir cette transformation légère qui, en ne faisant peut-être que rendre à certains hommes, sous un autre aspect, la valeur et le prestige qu'ils avaient de leur vivant, leur accorde certainement plus qu'ils n'ont mis et qu'ils n'ont laissé dans leurs œuvres. Les œuvres de Villon, pour nous, malgré tant de commentaires, de conjectures érudites et ingénieuses, sont et resteront pleines d'obscurités ; elles ne se lisent pas couramment ni agréablement ; on voit l'inspiration, le motif ; on saisit les contours, mais à tout moment le détail échappe, la ligne se brise, la liaison ne se suit pas et fuit. Cela tient à bien des causes : allusions à des personnages inconnus, polissonneries et malices de quartier, rythme gênant, langue embrouillée, incertaine, et pourquoi pas aussi ? *défauts* de l'auteur. Pour ceux qui aiment à se rendre compte de leurs admirations, Villon bien souvent a tort et deux ou trois perles dans son fumier, deux ou trois exquises ballades les consolent à peine des difficultés et des obstacles qu'ils rencontrent à chaque pas dans l'ensemble.

Mais est-ce un malheur, en définitive, pour Villon, que ces obscurités qui rebutent quelques délicats trop exigeants ? Je ne le crois pas. Il y a deux sortes d'auteurs. Il y a ceux qui ne vivent dans la postérité et qui ne comptent que par leurs œuvres et pour ce qu'on en lit : de ceux-ci on comprend tout, tout est clair et net, on pèse, on mesure ; on en rabat souvent. Qu'ils sont rares, les auteurs comme Horace et Montaigne, qui gagnent à être sans cesse relus, compris, entourés d'une pleine et pénétrante lumière, et pour qui semble fait le mot excellent de Vauvenargues : *La netteté est le vernis des maîtres* ! La plupart de ceux qui ont mis ainsi leur pensée en tout son jour y perdent avec le temps et diminuent. Mais il y a une autre classe d'auteurs à qui tout profite, même les défauts : ce sont ceux qui, une fois morts, tournent à la légende, qui deviennent *types*, comme on dit, dont le nom devient pour la postérité le signe abrégé d'une chose, d'une époque, d'un genre. Oh ! ceux-là, ils ont des privilèges, on leur passe tout ; là où ils manquent, on y supplée, on y ajoute ; tout leur est interprété à bien et à honneur, les obscurités, les excentricités, les boutades hors de propos, les écarts de verve ou les éclipses ; on y suppose après coup des clartés, des profondeurs de sens ou de passion, des miracles de fantaisie qui, le plus souvent, n'y ont jamais été, même pour leurs plus proches contemporains. Ainsi pour Rabelais, ainsi pour d'Aubigné poète et pour bien d'autres. Ainsi pour vous[1] déjà (car nous voyons sous nos yeux s'accomplir le mystérieux phénomène), ô le plus charmant et le plus ardent des poètes de cet âge, vous que je n'ai pas hésité à saluer du nom de génie quand vous n'aviez que dix-huit ans, mais qui, dans vos brillants écrits, n'avez pas tenu en entier toutes vos promesses ; qui, au milieu d'admirables éclats de passion, de jets ravissants d'élégance et de grâce, avez semé tant de disparates, de taches et d'incohérences, avez laissé tomber tant de lambeaux décousus ! Je vois le moment où tout cela vous sera compté à plus grand honneur que si vous aviez mieux conduit votre talent et mis en œuvre tout votre généreux esprit ; et nos neveux diront en vous lisant : *Tant pis pour nous, là où nous ne saisissons pas ! Il y a bien des sens cachés.* Et ils le diront et, déjà, ils le disent, parce qu'ils ont besoin de faire de vous tout ce que vous auriez dû être : car vous êtes l'enfant du siècle, vous le personnifiez à leurs yeux et, là où le périlleux modèle ne répond pas pleinement à l'idée et fait défaut, ils y mettront la main, ils vous achèveront. Et nous-mêmes qui savons le

1. [Allusion à Victor Hugo.]

fort et le faible, qui vous avons vu naître, briller et mourir, nous y applaudirons et nous y applaudissons déjà, à ce commencement d'illusion, parce qu'après tout votre renommée charmante, si elle dépasse un peu vos œuvres, ne fera pourtant qu'égaler votre génie – ce que ce génie aurait été si vous en aviez daigné pleinement user et en artiste plus maître de sa force. Mais l'essentiel, même en littérature, est de devenir un de ces noms commodes à la postérité qui s'en sert à tout moment, qui en fait le résumé de beaucoup d'autres et qui, à mesure qu'elle s'éloigne, ne pouvant toucher toute l'étendue de la chaîne, ne la compte plus, de distance en distance, que par quelque anneau brillant.

Villon est de ceux-là : il fait anneau et il brille de loin à travers sa rouille. On ne le prend plus au pied de la lettre pour ce qu'il a été et pour ce qu'il est en tant qu'auteur ; on le prend comme un de ces individus collectifs, le dernier venu et, en quelque sorte, le dernier mot d'une génération de satiriques oubliés, leur héritier le plus en vue et chef à son tour d'une postérité nouvelle, faisant lien et tradition entre Rutebeuf et Rabelais.

À le voir et à l'étudier de près, son originalité bien réelle était-elle autre part que dans son talent ? On ne saurait la chercher dans une forme de poésie qui lui aurait été propre : il n'a rien inventé en ce genre et la *ballade*, dont il use si bien, florissait avant lui depuis plus d'un siècle. Réduit souvent par sa faute à de tristes extrémités et amené, bien que jeune, à songer à sa dernière heure, Villon suppose qu'il fait son testament (il y en a deux de lui, le *Grand* et le *Petit*, sans compter un *Codicille*) et, dans cette supposition, il lègue à ses amis tout ce qu'un pauvre diable qui n'a pas un sou vaillant peut donner ; parmi ses *legs*, il y a bon nombre de *lais* ou de ballades, et il a dû penser au jeu de mots. Pour Villon, ç'a été une manière de distribuer bien des malices et des épigrammes à ses ennemis, de bonnes paroles à ses amis et quelques-uns des objets qui lui avaient appartenu, dont ils avaient la signification et le secret et qui, à eux seuls, si on saisissait bien son intention, raconteraient toute sa vie : mais là encore l'épigramme, la contre-vérité et la farce, on l'entrevoit, se glissent à chaque ligne, et ce qu'il lègue repose bien souvent sur les brouillards de la Seine. Ç'a été enfin, pour lui, une manière ingénieuse d'encadrer ce qu'il possédait plus à coup sûr, ses pièces de vers, même les plus étrangères à cette idée de testament. Il reste vrai que, si Villon n'a pas entièrement inventé, en littérature, cette forme de contrefaçon et de parodie des volontés dernières, il se l'est appropriée par le dessin net et tranché, par l'ampleur du contenu et par une verve de détails, par un sel mordant qui n'appartient qu'à lui. Il a mis son cachet au genre ; il a *scellé le testament.*

Une vie exacte de Villon ne saurait se refaire ; on n'a sur lui aucun témoignage contemporain qui donne rien de précis, et l'on est à peu près réduit à ce qu'on peut apprendre de lui-même dans ses œuvres. François, d'abord surnommé *Corbueil*, serait né en 1431 (l'année même de la mort de Jeanne d'Arc) à Auvers, près de Pontoise, ce qui ne l'empêchait pas de se dire parisien, sans doute parce qu'il était venu de bonne heure à Paris et y avait été élevé. *Rien d'ailleurs dans ses œuvres n'indique une enfance passée aux champs, absolument rien ; au contraire, tout y trahit l'enfant de la Cité et le polisson du ruisseau*[2]. Le nom de *Villon*, sous lequel il se fit ensuite connaître, n'était probablement qu'un surnom d'emprunt qu'il dut à un Guillaume Villon, lequel n'était ni son père, comme on l'a avancé, ni son oncle, mais seulement son maître. La mère de Vil-

2. [Antoine Campaux, qui s'était, selon Sainte-Beuve, *épris du poète* et venait de publier une étude fondamentale de celui-ci.]

lon était pauvre, ignorante et très pieuse. Il passa, à un certain jour, de l'échoppe paternelle (si échoppe il y a) aux bans de l'Université ; il fut écolier, et de cette race immortelle, célèbre dès le temps de Rutebeuf. À la tête des plus spirituels entre les mauvais sujets, il usa et abusa de toutes les licences de son quartier et de son temps. Il était boute-en-train et un vrai chef de bande. Ses espiègleries, qui nous sont racontées dans les *Repues franches*, ne peuvent nous donner que du dégoût. *Ne soyons pourtant pas trop sévères*, dit M. Saint-Marc Girardin. *Les «Repues franches» ne sont autre chose que l'art de vivre aux dépens d'autrui ; c'est ce qu'on appelle aujourd'hui l'art de faire des dettes et de ne pas les payer. Voilà le problème que se propose Villon, et c'est le même que travaillent à résoudre les enfants de famille du dix-neuvième siècle... En fait de joyeuse vie, le fond des traditions ne change pas. À cette époque, faute de civilisation, il n'y avait point encore ces maximes d'honneur et de délicatesse sociale qui nous apprennent à faire la différence entre ce qui est une bassesse et ce qui n'est qu'une espièglerie. De nos jours, Villon aimerait encore la bonne chère et la joyeuseté, mais il serait honnête homme. De son temps, le libertinage allant jusqu'à l'escroquerie, il ne sut pas s'en préserver.* Mettons sur le compte du temps tout ce que nous pouvons à la décharge du poète. La littérature est le lieu le plus fait pour admettre les circonstances atténuantes.

On a les noms de quelques-uns des garnements, ses compagnons et sujets, qu'il n'a eu garde d'oublier dans l'un ou l'autre de ses *Testaments*. Leurs plus innocentes occupations se passaient à en conter aux belles du quartier, marchandes ou autres, la belle Heaulmière, la belle Gantière, la gente Saulcissière, Blanche la Savatière, etc. Cette belle Heaulmière paraît avoir été chef d'école en son genre et celle qui les endoctrinait toutes au plaisir. Villon ne s'en tint pas là : il vint un moment où il descendit jusqu'à une Margot dont il nous ouvre le bouge, et il s'y montre installé comme chez lui – mieux que chez lui. Il résulte de cet aveu cynique qu'il fit bien des métiers, jusqu'au plus dégradant de tous, et qu'il s'en vantait. Un jour, du milieu de ces ignominies qui ne laissaient pas de fournir matière à sa verve, Villon eut un accent de patriotisme et il lança contre les ennemis de l'honneur français une ballade dont l'énergique refrain aurait encore son écho ; il maudit et honnit, sur tous les tons, *qui mal vouldroit au royaume de France* ! *Chose étrange*, dit à ce sujet M. Campaux, *surtout en un siècle où le sentiment de la patrie était encore si peu commun ; il y avait un Français dans ce vagabond qui n'avait ni feu ni lieu.* Admirons moins : il faut bien que Villon, puisqu'il nous occupe, ait eu quelque chose en lui et qu'il soit quelquefois sorti de sa vie de taverne et de crapule ; sans quoi nous l'y laisserions tout entier. Au train qu'il menait jour et nuit, on devinerait, si on ne le savait de reste, qu'il eut souvent affaire aux gens du Roi : il connut le Châtelet, peut-être la Bastille.

Un tel écolier, croisé de bandit, avait-il eu le temps d'acquérir un grade académique ? L'écolier Villon dut ressembler de bonne heure à cet écolier du vieux fabliau qui avait joué aux dés tous ses livres et les avait dispersés à tous les coins de France. Cependant, à vivre de la sorte, Villon avait atteint ses vingt-cinq ans (1456). Une affaire d'amour où il apporta, ce semble, plus de cœur qu'à l'ordinaire et qui se termina par une éclatante disgrâce, par je ne sais quelle perfidie notoire qui le faisait montrer au doigt et qui le rendit la fable de la Cité, le décida tout d'un coup à quitter Paris et à partir pour Angers. Ayant ainsi réglé ses comptes avec Paris, que devint l'exilé Villon ? Il paraît qu'il ne demeura guère à Angers et que, revenu vers décembre 1457 dans les environs de Paris, il se serait porté avec une demi-douzaine de ses compagnons à quelque attentat hardi dont on ignore la nature précise, mais qui n'était guère moins qu'un vol à main armée sur un grand chemin. Arrêté pour ce méfait, mis en prison au Châtelet et appliqué à la question, il se vit même condamné à mort : c'est alors qu'il se hâta de répondre par un *J'en appelle* (au Parlement) et il en fit une ballade piquante, montrant ainsi sa liberté d'esprit à toute épreuve et badinant jusque sous le gibet. Très heureusement pour Villon, il naquit vers ce temps-là une princesse qu'on croit être Marie d'Orléans, fille de Charles d'Orléans le poète : le prisonnier, pour qui l'appel n'était qu'un répit, saisit l'occasion aux cheveux, célébra l'illustre naissance et obtint sa grâce. Il dut cependant quitter Paris et, pendant quatre ans entiers, il mena une vie errante et en France et aux frontières de France ; l'idée de suicide lui traversa un instant l'esprit. Faut-il croire qu'en passant à Blois il y connut Charles d'Orléans et qu'il fut accueilli un moment à la Cour de cet aimable prince, son rival et son associé en renom dans l'avenir ? Il est plus certain qu'il fut très mal accueilli sur le territoire de l'évêque d'Orléans, Thibault d'Aussigny, et qu'y ayant commis, par suite de cette même nécessité qui *fait saillir le loup hors du bois*, quelque nouveau méfait, il fut jeté dans les prisons de Meung-sur-Loire, y languit tout un été au fond d'un cul de basse-fosse et ne dut sa grâce qu'à Louis XI, nouvellement roi, qui vint à passer en cette ville de Meung dans l'automne de cette année 1461. En vertu du don de joyeux avènement, leur peine était remise à tous les prisonniers d'une ville où le Roi entrait après son sacre et, par le seul fait de la présence de Louis XI à Meung dans ces circonstances, Villon obtenait sa grâce et se trouvait libre.

Sans me faire plus indifférent ni plus sévère qu'il ne me convient sur Villon, je me contenterai de reconnaître en lui un des plus frappants exemples de ces natures à l'abandon, devenues étrangères à toute règle morale, incapables de toute conduite, mais obstinément douées de l'étincelle sacrée et qui sont et demeurent, en dépit de tout et quoi qu'elles fassent, des merveilles, presque des scandales de gentil esprit et, pour les appeler de leur vrai nom, des *porte-talents* ; car ne leur demandez pas autre chose, elles ne sont que cela.

On ne sait rien de la vie du poète après le *Grand Testament*. Revint-il à Paris pour y mourir ? Passa-t-il ses derniers jours en Poitou, comme on peut l'inférer de l'anecdote qu'on lit dans Rabelais et qui nous découvre un dernier tour pendable de l'incorrigible mauvais sujet ? À quel âge mourut-il enfin ? M. Campaux conjecture que ce dut être vers 1484 ; il aurait eu cinquante-trois ans.

J'en suis toujours à choisir dans Villon et à ne m'arrêter complaisamment que sur quelques-unes des choses exquises qui se détachent aisément du cadre artificiel où il les a placées. Une des pièces qui me le présentent avec le plus de franchise par un de ses aspects tout littéraires, c'est celle qu'il fit contre les amateurs du genre pastoral et champêtre, alors à la mode comme depuis. Nous savons combien l'invention est rare en poésie, combien la gent versifiante est moutonnière et qu'une forme, une veine, une seule note, une fois trouvée, se copie et se répète ensuite à satiété jusqu'à ce qu'une autre ait succédé, qu'on épuise à son tour. Une voie neuve à peine ouverte et indiquée, si étroite qu'elle soit, appelle aussitôt le troupeau des imitateurs qui foule et ravage ce qui n'était d'abord qu'un vert sentier : ce n'est bientôt plus qu'une route poudreuse. Les plaignards et les niais suivent de près les sensibles. *Le Lac* de Lamartine a eu ses cascades à l'infini et a formé quantité de petits lacs au-dessous, avec des couples d'amants soupirant leurs barcarolles. C'est par impatience de toutes ces fades copies et de ces répétitions serviles qu'Alfred de Musset, dans le préambule de *La Coupe et les lèvres*, au milieu de cet admirable développement où il s'ouvre à cœur joie sur l'infinie variété et la riche contrariété de ses goûts, s'écriait :

Vous me demanderez si j'aime la nature.
Oui – j'aime fort aussi les arts et la peinture.
Le corps de la Vénus me paraît merveilleux.
....
Mais je hais les pleurards, les rêveurs à nacelles,
Les amants de la nuit, des lacs, des cascatelles,
Cette engeance sans nom qui ne peut faire un pas
Sans s'inonder de vers, de pleurs et d'agendas.
La nature, sans doute, est comme on veut la prendre ;
Il se peut, après tout, qu'ils sachent la comprendre ;
Mais eux, certainement, je ne les comprends pas.

Eh bien ! du temps de Villon, il y avait eu une mode et un travers du même genre. Une idylle composée il y avait quatre-vingts ans environ par un ancien évêque de Meaux, Philippe de Vitry, sur le bonheur de la vie champêtre, continuait de faire fureur, et le bûcheron Franc-Gontier et dame Hélène, sa femme (un Philémon et une Baucis plus jeunes), recrutaient, parmi les badauds de la Cité, bien des admirateurs à froid de la vie des forêts, louant la médiocrité *non dorée*, l'eau pure du ruisseau et le gland du chêne. Villon, qui savait par expérience et pour en avoir pâti, ce que c'est que la pauvreté, le cri de la faim, qui avait bu souvent de l'eau claire, faute de mieux, et y avait trempé sa croûte sèche, fit à sa manière sa pièce du *Mondain*, par laquelle il rompait en visière à toute cette école de bûcherons amateurs ; il opposa à leur félicité rustique imaginaire, à ces délices plus que douteuses de la vie agreste, toutes les aises et les petits soins de la vie commode et vraiment civilisée, telle qu'il la rêvait et telle qu'il ne l'avait jamais entrevue, hélas ! que par le trou de la serrure :

> *Sur mol duvet assis un gras chanoine,*
> *Lès un brasier, en chambre bien nattée ;*
> *À son côté gisant dame Sydoine...*

avec ce refrain naturel et facile :

> *Il n'est trésor que de vivre à son aise.*

La perle de Villon est la *Ballade des dames du temps jadis.* Il était préoccupé de l'idée de la mort : il avait de bonnes raisons pour cela, des raisons très particulières, sans compter que le Moyen Âge tout entier en avait l'imagination frappée. Il se plaît donc à faire défiler devant nous le cortège des beautés illustres, des reines puissantes, des héroïnes, et il se demande : *Où sont-elles ? – Mais où sont les neiges d'antan ?* [les neiges de l'an passé] ; c'est toute sa réponse. On a cherché quelle était au juste l'originalité de Villon dans cette charmante pièce qui, seule, suffirait à assurer son renom. Bien des poètes avant lui avaient employé cette forme : *Où est Arthus ? Où est Hector de Troie ? Où est Hélène ? Où est la beauté de Jason, d'Absalon ?* La source première est plus haut que chez Villon : elle est dans saint Bernard et dans d'autres auteurs de la grande époque du Moyen Âge ; saint Bernard, dans une *Psalmodie sur le mépris du monde* [en latin], s'était dès longtemps demandé : *Où est le noble Salomon ? Où est Samson l'invincible ? etc.* L'honneur de Villon, son originalité et sa gentillesse d'esprit est donc principalement dans ce refrain si bien trouvé, si bien approprié à la beauté fugitive et qui s'écoule en si peu d'heures : *Mais où sont les neiges d'antan ?* Tant qu'on ne produira pas un exemple ancien de cette façon de réplique qui donne ici tout l'agrément, et qui a surtout son à-propos quand il s'agit de femmes et de beautés célèbres, Villon reste en possession de son titre ; il garde en propre son plus beau fleuron.

Trêve maintenant à toutes ces discussions critiques ! Laissons-nous faire à la poésie ; relisons, redisons-nous tout haut la pièce entière... Heureux celui qui a su ainsi trouver un accent pour une situation immortelle et toujours renouvelée de la nature humaine ! Il a chance de vivre aussi longtemps qu'elle, aussi longtemps du moins que la nation et la langue dans laquelle il a proféré ce cri de génie et de sentiment. Toujours, quand il sera question de la rapidité et de la fuite des générations des hommes qui ressemblent, a dit le vieil Homère, aux feuilles des forêts ; toujours, quand on considérera la brièveté et le terme si court assigné aux plus nobles et aux plus triomphantes destinées. Mais surtout lorsque la pensée se reportera à ces images riantes et fugitives de la beauté évanouie, depuis Hélène jusqu'à Ninon, à ces groupes passagers qui semblent tour à tour emportés dans l'abîme par une danse légère, à ces femmes du *Décaméron*, de l'*Heptaméron*, à celles des fêtes de Venise ou de la Cour de Ferrare, à ces cortèges de Diane – de la Diane de Henri II – qui animaient les chasses galantes d'Anet, de Chambord ou de Fontainebleau ; quand on évoquera en souvenir les fières, les pompeuses ou tendres rivales qui faisaient guirlande autour de la jeunesse de Louis XIV :

Ces belles Montbazons, ces Châtillons brillantes,
Dansant avec Louis sous des berceaux de fleurs ;

quand, plus près encore mais déjà bien loin, on repassera ces noms qui résonnaient si vifs et si frais dans notre jeunesse, les reines des élégances d'alors, les Juliette, les Hortense, ensuite les Delphine, les Elvire même et jusqu'aux Lisette des poètes, et quand on se demandera avec un retour de tristesse : *Où sont-elles ?*, que trouve-t-on à répondre de plus naturel et de plus vrai que ce refrain chantant et qui vole déjà sur toutes les lèvres :

Mais où sont les neiges d'antan ?

Dans la *Ballade des seigneurs du temps jadis*, Villon a aussi son refrain heureux et approprié au sujet. Après une série de questions où il énumère les papes, rois et puissants du jour récemment disparus, il répond, à la fin de chaque couplet, par cette autre question :

Mais où est le preux Charlemagne ?

Puisque Charlemagne, ce dernier grand type héroïque en vue à l'horizon et qui domine tout le Moyen Âge, avait lui-même payé le tribut mortel, les moindres que lui, les rois et princes du siècle présent, avaient bien pu mourir.

Il y a dans Villon bien d'autres pièces dignes d'étude et qui demanderaient un peu d'effort pour être goûtées. Je ne veux que mettre en garde sur un point : c'est de ne pas prêter à Villon plus de mélancolie qu'il n'en a eu, ni une tristesse plus amère. Ne venons pas prononcer, à son sujet, le nom de Bossuet, ni même celui de Byron et des Don Juan modernes. Villon a dit quelque part que *quand nous aimons ordure, elle nous aime* (c'est le sens) et que *quand nous fuyons honneur, il nous fuit* ; mais il m'est impossible de découvrir là-dedans un *cri de damné*. Villon n'a pas de ces cris ; il est de ce bon vieux temps où l'on s'accommodait mieux de son vice et où on ne le portait pas avec de si grands airs, ni d'un front si orageux.

Il a dû y avoir, je m'imagine, du temps de Villon, quelque écolier un peu plus jeune que lui, aussi laborieux, aussi bon sujet que l'autre était mauvais et dérangé, mais grand admirateur du poète, sachant ses premières chansons, récitant à tous venants ses plus jolies ballades, en étant amoureux comme on l'est à cet âge de ce qu'on admire. Cet écolier aura fait un jour, à Villon, sa déclaration d'enthousiasme, et Villon l'aura reçue avec plus de sérieux qu'il n'en gardait d'ordinaire en pareil cas ; il aura même, en voyant sa candeur, ménagé assez le jeune homme pour ne pas l'initier à ses tromperies et pour n'essayer, à aucun moment, de l'embaucher dans sa troupe de mauvais garçons. Il l'aura respecté et même un peu craint, comme un frère enfant, comme un bon génie qu'il ne faut offenser et effaroucher que le moins possible ; il aura eu quelque pudeur avec lui. Et le jeune homme, logé un peu loin du centre, loin des bruits de la rue, sur la pente la plus champêtre de la montagne Sainte-Geneviève, aura ignoré bien des tours de Villon, et les pires, ou il n'y aura pas cru ; il aura conservé pour lui son culte. Plus d'une fois, le soir, Villon en fuite, traqué par les gens du guet, se sera souvenu tout d'un coup, en voyant la lampe briller à la fenêtre du studieux jeune homme, qu'il avait là un admirateur, un ami, et il lui aura demandé abri et gîte pour une nuit ou deux, en prétextant quelque belle et galante histoire ; et toute la nuit durant, pour le payer de son accueil, il l'aura charmé de ses récits, ébloui de ses saillies et de sa verve. Il aura même poussé l'amitié, en partant le matin, jusqu'à accepter tout l'argent, toutes les épargnes de son généreux hôte, trop heureux de se dépouiller et de se mettre à la gêne pour *le Poète*, comme il le nommait par excellence. Cette chambrette, aussitôt, sera devenue plus chère à celui qui l'habitait et, pendant quelques jours, elle lui aura paru presque un sanctuaire pour avoir reçu et logé le dieu. En un mot, le jeune homme aura connu assez Villon pour l'admirer encore plus, et il l'aura fréquenté assez peu pour continuer de l'estimer et de l'aimer.

26 septembre 1859. *Causeries du lundi*, t. XIV, pp. 279-302

Du classicisme

Un classique, d'après la définition ordinaire, c'est un auteur ancien, déjà consacré dans l'admiration et qui fait autorité en son genre. Le mot *classique*, pris en ce sens, commence à paraître chez les Romains. Chez eux, on appelait proprement *classici*, non tous les citoyens des diverses classes, mais ceux de la première seulement et qui possédaient au moins un revenu d'un certain chiffre déterminé. Tous ceux qui possédaient un revenu inférieur étaient désignés par la dénomination *infra classem*, au-dessous de la classe par excellence. Au figuré, le mot *classicus* se trouve employé dans Aulu-Gelle et appliqué aux écrivains : un écrivain de valeur et de marque, *classicus assiduusque scriptor*, un écrivain qui compte, qui a du bien au soleil et qui n'est pas confondu dans la foule des prolétaires. Une telle expression suppose un âge assez avancé pour qu'il y ait eu déjà comme un recensement et un classement dans la littérature.

Pour les Modernes, à l'origine, les vrais, les seuls classiques furent naturellement les Anciens. Les Grecs qui, par un singulier bonheur et un allègement facile de l'esprit, n'eurent d'autres classiques qu'eux-mêmes, étaient d'abord les seuls classiques des Romains qui prirent peine et s'ingénièrent à les imiter. Ceux-ci, après les beaux âges de leur littérature, après Cicéron et Virgile, eurent leurs classiques à leur tour et ils devinrent presque exclusivement ceux des siècles qui succédèrent. Le Moyen Âge, qui n'était pas aussi ignorant de l'Antiquité latine qu'on le croirait, mais qui manquait de mesure et de goût, confondit les rangs et les ordres ; Ovide y fut traité sur un meilleur pied qu'Homère et Boèce parut un classique pour le moins égal à Platon. La renaissance des lettres, au quinzième et au seizième siècle, vint éclaircir cette longue confusion, et alors seulement les admirations se graduèrent. Les vrais et classiques auteurs de la double Antiquité se détachèrent désormais dans un fond lumineux et se groupèrent harmonieusement sur leurs deux collines.

Cependant, les littératures modernes étaient nées et quelques-unes des plus précoces, comme l'italienne, avaient leur manière d'Antiquité déjà. Dante avait paru, et de bonne heure sa postérité l'avait salué classique. La poésie italienne a pu se bien rétrécir depuis, mais quand elle l'a voulu, elle a retrouvé toujours, elle a conservé de l'impulsion et du retentissement de cette haute origine. Il n'est pas indifférent pour une poésie de prendre ainsi son point de départ, sa source classique en haut lieu et, par exemple, de descendre de Dante plutôt que de sortir péniblement d'un Malherbe.

L'Italie moderne avait ses classiques et l'Espagne avait tout droit de croire qu'elle aussi possédait les siens, quand la France se cherchait encore. Quelques écrivains de talent, en effet, doués d'originalité et d'une verve d'exception, quelques efforts brillants, isolés, mais sans suite, aussitôt brisés et qu'il faut recommencer toujours, ne suffisent pas pour doter une nation de ce fonds solide et imposant de richesse littéraire. L'idée de *classique* implique en soi quelque chose qui a suite et consistance, qui fait ensemble et tradition, qui se compose, se transmet et qui dure. Ce ne fut qu'après les belles années de Louis XIV que la nation sentit avec tressaillement et orgueil qu'un tel bonheur venait de lui arriver. Toutes les voix alors le dirent à Louis XIV avec flatterie, avec exagération et emphase, et cependant avec un certain sentiment de vérité. Il se vit alors une contradiction singulière et piquante : les hommes les plus épris des merveilles de ce siècle de Louis le Grand et qui allaient jusqu'à sacrifier tous les Anciens aux Modernes, ces hommes dont Perrault était le chef, tendaient à exalter et à consacrer ceux-là mêmes qu'ils rencontraient pour contradicteurs les plus ardents et pour adversaires. Boileau vengeait et soutenait avec colère les Anciens contre Perrault qui préconisait les Modernes, c'est-à-dire Corneille, Molière, Pascal et les hommes éminents de son siècle, y compris Boileau l'un des premiers. Le bon La Fontaine, en prenant parti dans la querelle pour le docte Huet, ne s'apercevait pas que lui-même, malgré ses oublis, était à la veille de se réveiller classique à son tour.

La meilleure définition est dans l'exemple : depuis que la France posséda son siècle de Louis XIV et qu'elle put le considérer un peu à distance, elle sut ce que c'était d'être classique, mieux que par tous les raisonnements. Le dix-huitième siècle, jusque dans son mélange, par quelques beaux ouvrages dus à ses quatre grands hommes, ajouta à cette idée. Lisez *Le Siècle de Louis XIV* par Voltaire, *La Grandeur et la décadence des Romains* de Montesquieu, *Les Époques de la nature* de Buffon, *Le Vicaire savoyard* et les belles pages de rêverie et de description de la nature par Jean-Jacques, et dites si le dix-huitième siècle n'a pas su, dans ces parties mémorables, concilier la tradition avec la liberté du développement et l'indépendance. Mais au commencement de ce siècle-ci et sous l'Empire, en présence des premiers essais d'une littérature décidément nouvelle et quelque peu aventureuse, l'idée de classique, chez quelques esprits résistants et encore plus chagrins que sévères, se resserra et se rétrécit dangereusement. Le premier *Dictionnaire de l'Académie* (1694) définissait simplement un auteur classique *un auteur ancien fort approuvé et qui fait autorité dans la matière qu'il traite.* Le *Diction-*

naire de l'Académie de 1835 presse beaucoup plus cette définition et, d'un peu vague qu'elle était, il la fait précise et même étroite. Il définit auteurs classiques ceux *qui sont devenus modèles dans une langue quelconque* ; et dans tous les articles qui suivent, ces expressions de *modèles*, de *règles* établies pour la composition et le style, de *règles strictes* de l'art auxquelles on doit *se conformer*, reviennent continuellement. Cette définition du *classique* a été faite évidemment par les respectables académiciens, nos devanciers, en présence et en vue de ce qu'on appelait alors le *romantique*, c'est-à-dire en vue de l'ennemi. Il serait temps, ce me semble, de renoncer à ces définitions restrictives et craintives et d'en élargir l'esprit.

Un vrai classique, comme j'aimerais à l'entendre définir, c'est un auteur qui a enrichi l'esprit humain, qui en a réellement augmenté le trésor, qui lui a fait faire un pas de plus, qui a découvert quelque vérité morale non équivoque ou ressaisi quelque passion éternelle dans ce cœur où tout semblait connu et exploré ; qui a rendu sa pensée, son observation ou son invention sous une forme, n'importe laquelle, mais large et grande, fine et sensée, saine et belle en soi ; qui a parlé à tous dans un style à lui et qui se trouve aussi celui de tout le monde, dans un style nouveau sans néologisme, nouveau et antique, aisément contemporain de tous les âges. Un tel classique a pu être un moment révolutionnaire, il a pu le paraître du moins, s'il ne l'est pas ; il n'a fait main basse d'abord autour de lui, il n'a renversé ce qui le gênait que pour rétablir bien vite l'équilibre au profit de l'ordre et du beau.

On peut mettre, si l'on veut, des noms sous cette définition que je voudrais faire exprès grandiose et flottante ou, pour tout dire, généreuse. J'y mettrais d'abord le Corneille de *Polyeucte*, de *Cinna*, des *Horaces*. J'y mettrais Molière, le génie poétique le plus complet et le plus plein que nous ayons eu en français :

Molière est si grand, disait Gœthe (ce roi de la critique), *qu'il nous étonne de nouveau chaque fois que nous le lisons. C'est un homme à part ; ses pièces touchent au tragique et personne n'a le courage de chercher à les imiter. Son «Avare», où le vice détruit toute affection entre le père et le fils, est une œuvre des plus sublimes, et dramatique au plus haut degré... Dans une pièce de théâtre, chacune des actions doit être importante en elle-même et tendre vers une action plus grande encore. Le «Tartuffe» est, sous ce rapport, un modèle. Quelle exposition que la première scène ! Dès le commencement, tout a une haute signification et fait pressentir quelque chose de bien plus important. L'exposition du «Tartuffe» n'est qu'une fois dans le monde. C'est en ce genre ce qu'il y a de plus grand.*

Cette définition que je viens de donner du classique excède un peu l'idée qu'on est accoutumé de se faire sous ce nom. On y fait entrer surtout des conditions de régularité, de sagesse, de modération et de raison qui dominent et contiennent toutes les autres. Les classiques par excellence, ce seraient les écrivains d'un ordre moyen, justes, sensés, élégants, toujours nets, d'une passion noble encore et d'une force légèrement voilée. Le propre de cette théorie, qui subordonne l'imagination et la sensibilité elle-même à la raison et dont Scaliger peut-être a donné le premier signal chez les Modernes, est la théorie *latine* à proprement parler et elle a été aussi de préférence, pendant longtemps, la théorie *française*. Elle a du vrai, si l'on n'use qu'avec à-propos, si l'on n'abuse pas de ce mot *raison* ; mais il est évident qu'on en abuse et que, si la raison, par exemple, peut se confondre avec le génie poétique et ne faire qu'un avec lui dans une épître morale, elle ne saurait être la même chose que ce génie si varié et si diversement créateur dans l'expression des passions du drame ou de l'épopée. Où trouverez-vous la raison dans le IVe livre de l'*Enéide* et dans les transports de Didon ? Où la trouverez-vous dans les fureurs de Phèdre ? Quoi qu'il en soit, l'esprit qui a dicté cette théorie conduit à mettre au premier rang des classiques les écrivains qui ont gouverné leur inspiration plutôt que ceux qui s'y sont abandonnés davantage, à y mettre Virgile encore plus sûrement qu'Homère, Racine encore plus que Corneille. Le chef-d'œuvre que cette théorie aime à citer, et qui réunit en effet toutes les conditions de prudence, de force, d'audace graduelle, d'élévation morale et de grandeur, c'est *Athalie*. Turenne dans ses deux dernières campagnes et Racine dans *Athalie*, voilà les grands exemples de ce que peuvent les prudents et les sages quand ils prennent possession de toute la maturité de leur génie et qu'ils entrent dans leur hardiesse suprême.

Buffon, dans son *Discours sur le style*, insistant sur cette unité de dessein, d'ordonnance et d'exécution qui est le cachet des ouvrages proprement classiques, a dit : *Tout sujet est un et, quelque vaste qu'il soit, il peut être renfermé dans un seul discours. Les interruptions, les repos, les sections ne devraient être d'usage que quand on traite des sujets différents ou qu'ayant à parler de choses grandes, épineuses et disparates, la marche du génie se trouve interrompue par la multiplicité des obstacles et contrainte par la nécessité des circonstances ; autrement le grand nombre de divisions, loin de rendre un ouvrage plus solide, en détruit l'assemblage ; le livre paraît plus clair aux yeux, mais le dessein de l'auteur demeure obscur*. Et il continue sa critique, ayant en vue *L'Esprit des lois* de Montesquieu, ce livre excellent par le fond, mais tout morcelé, où l'illustre auteur, fatigué avant le terme, ne put inspirer tout son souffle et organiser en quelque sorte toute sa matière. Pourtant j'ai peine à croire que Buffon n'ait pas aussi songé par contraste, dans ce même endroit, au *Discours sur l'histoire universelle* de Bossuet, ce sujet en effet si vaste et si *un*, et que le grand orateur a su tout entier *renfermer dans un seul discours*. Tout s'y déroule d'une seule suite et presque d'une haleine, et l'on dirait que l'orateur a fait ici comme la nature dont parle Buffon, qu'il *a travaillé sur un plan éternel dont il ne s'est nulle part écarté*, tant il semble être entré avant dans les familiarités et dans les conseils de la Providence.

Athalie et le *Discours sur l'histoire universelle*, tels sont les chefs-d'œuvre les plus élevés que la théorie classique rigoureuse puisse offrir à ses amis comme à ses ennemis. Et cependant, malgré ce qu'il y a d'admirablement simple et de majestueux dans l'accomplissement de telles productions uniques, nous voudrions détendre un peu cette théorie et montrer qu'il y a lieu de l'élargir sans aller jusqu'au relâchement. Gœthe, que j'aime à citer en pareille matière, a dit :

> *J'appelle le classique* le sain, *et le romantique* le malade. *Pour moi, le poème des «Nibelungen» est classique comme Homère ; tous deux sont bien portants et vigoureux. Les ouvrages du jour ne sont pas romantiques parce qu'ils sont nouveaux, mais parce qu'ils sont faibles, maladifs ou malades. Les ouvrages anciens ne sont pas classiques parce qu'ils sont vieux, mais parce qu'ils sont énergiques, frais et dispos. Si nous considérions le romantique et le classique sous ces deux points de vue, nous serions bientôt tous d'accord.*

Avant de fixer et d'arrêter ses idées à cet égard, j'aimerais à ce que tout libre esprit fît auparavant son tour du monde et se donnât le spectacle des diverses littératures dans leur vigueur primitive et leur infinie variété. Qu'y verrait-il ? un Homère avant tout, le père du monde classique, mais qui lui-même est encore moins certainement un individu simple et bien distinct que l'expression vaste et vivante d'une époque tout entière et d'une civilisation à demi barbare. Pour en faire un classique proprement dit, il a fallu lui prêter après coup un dessein, un plan, des intentions littéraires, des qualités d'atticisme et d'urbanité auxquelles il n'avait certes jamais songé dans le développement abondant de ses inspirations naturelles. Et à côté de lui, que voit-on ? des Anciens augustes, vénérables, des Eschyle, des Sophocle, mais tout mutilés et qui ne sont là debout que pour nous représenter un débris d'eux-même, le reste de tant d'autres aussi dignes qu'eux sans doute de survivre et qui ont succombé à jamais sous l'injure des âges. Cette seule pensée apprendrait à un esprit juste à ne pas envisager l'ensemble des littératures, même classiques, d'une vue trop simple et trop restreinte, et il saurait que cet ordre si exact et si mesuré, qui a tant prévalu depuis, n'a été introduit qu'artificiellement dans nos admirations du passé.

Et en arrivant au monde moderne, que serait-ce donc ? Les plus grands noms qu'on aperçoit au début des littératures sont ceux qui dérangent et choquent le plus certaines des idées restreintes qu'on a voulu donner du beau et du convenable en poésie. Shakespeare est-il un classique, par exemple ? Oui, il l'est aujourd'hui pour l'Angleterre et pour le monde ; mais du temps de Pope, il ne l'était pas. Pope et ses amis étaient les seuls classiques par excellence ; ils semblaient tels définitivement le lendemain de leur mort. Aujourd'hui ils sont classiques encore, et ils méritent de l'être, mais ils ne le sont que du second ordre, et les voilà à jamais dominés et remis à leur place par celui qui a repris la sienne sur les hauteurs de l'horizon.

En France, nous n'avons pas eu de grand classique antérieur au siècle de Louis XIV ; les Dante et les Shakespeare, ces autorités primitives auxquelles on revient tôt ou tard dans les jours d'émancipation, nous ont manqué. Nous n'avons eu que des ébauches de grands poètes, comme Mathurin Régnier, comme Rabelais, et sans idéal aucun, sans la passion et le sérieux qui consacrent. Montaigne a été une espèce de classique anticipé, de la famille d'Horace, mais qui se livrait en enfant perdu, et faute de dignes alentours, à toutes les fantaisies libertines de sa plume et de son humeur. Il en résulte que nous avons, moins que tout autre peuple, trouvé dans nos ancêtres-auteurs de quoi réclamer hautement à certain jour nos libertés littéraires et nos franchises, et qu'il nous a été plus difficile de rester classiques encore en nous affranchissant. Toutefois, avec Molière et La Fontaine parmi nos classiques du Grand Siècle, c'est assez pour que rien de légitime ne puisse être refusé à ceux qui oseront et qui sauront.

Il n'y a pas de recette pour faire des classiques ; ce point doit être enfin reconnu évident. Croire qu'en imitant certaines qualités de pureté, de sobriété, de correction et d'élégance, indépendamment du caractère même et de la flamme, on deviendra classique, c'est croire qu'après Racine père, il y a lieu à des Racine fils. Il y a plus : il n'est pas bon de paraître trop vite et d'emblée classique à ses contemporains ; on a grande chance alors de ne pas rester tel pour la postérité. Combien de ces classiques précoces qui ne tiennent pas et qui ne le sont que pour un temps ! Il n'y en a eu, dirait gaiement Mme de Sévigné, que pour un *déjeuner de soleil.* En fait de classiques, les plus imprévus sont encore les meilleurs et les plus grands : le moins classique, en apparence, des quatre grands poètes de Louis XIV était Molière ; on l'applaudissait alors bien plus qu'on ne l'estimait ; on le goûtait sans savoir son prix. Le moins classique après lui semblait La Fontaine : et voyez après deux siècles ce qui, pour tous deux, en est advenu. Bien avant Boileau, même avant Racine, ne sont-ils pas aujourd'hui unanimement reconnus les plus féconds et les plus riches pour les traits d'une morale universelle ?

La première condition du goût, après avoir tout compris, est de ne pas voyager sans cesse, mais de s'asseoir une fois et de se fixer. Rien ne blase et n'éteint plus le goût que les voyages sans fin. Faisons notre choix dans nos propres instincts. Ayons la sincérité et le naturel de nos propres pensées, de nos sentiments, cela se peut toujours ; joignons-y, ce qui est plus difficile, l'élévation, la direction, s'il se peut vers quelque but haut placé ; et tout en parlant notre langue, en subissant les conditions des âges où nous sommes jetés et où nous puisons notre force comme nos défauts, demandons-nous de temps en temps, le front levé vers les collines et les yeux attachés au groupe des mortels révérés : *Que diraient-ils de nous ?*

21 octobre 1850. *Causeries du lundi*, t. III, pp. 30-43

La réforme de l'orthographe

Il se fait en ce moment à l'Académie française une tentative de révolution contre laquelle la majorité de la Compagnie résiste encore ; mais il est à croire qu'elle cédera. En ma qualité d'ancien novateur et révolutionnaire romantique qui est de temps en temps repris d'une velléité de mouvement, j'ai regretté dans ces derniers mois de ne pouvoir aller soutenir à l'Académie la cause de l'innovation. Mais elle est soutenue bien mieux que par moi par le respectable et docte M. Didot, l'imprimeur en titre de l'Institut[1].

Notre langue française vient en très grande partie du latin. C'est un fait reconnu et que les philologues et critiques qui se sont occupés de l'histoire de la langue et qui ont étudié la naissance de la romane, d'où la nôtre est dérivée, ont mis de plus en plus en lumière. Mais ce n'est pas du latin savant, du latin cicéronien, c'est du latin vulgaire parlé par le peuple et graduellement altéré, que sont sortis, après des siècles de tâtonnement, les différents dialectes provinciaux dont était celui de l'Île-de-France, lequel a fini par se subordonner et par supplanter les autres ; lui seul est devenu la langue, les autres sont restés ou redevenus des patois[2]. Quand je dis

---

1. Ambroise-Firmin Didot, *Observations sur l'orthographe française*, 1867.
2. Un sixième environ des mots français peut avoir d'autres origines. Les défenseurs des vieilles racines celtiques et indigènes peuvent garder un restant d'espoir de ce côté.

que cette langue romane des onzième et douzième siècles est sortie du latin vulgaire et populaire graduellement *altéré*, j'ai peur de me faire des querelles ; car d'après les modernes historiens philologues, les transformations du latin vulgaire ne seraient point, à proprement parler, des altérations : ce seraient plutôt des développements, des métamorphoses, des états successifs soumis à des lois naturelles et qui devinrent décidément progressifs à partir d'un certain moment ; il en naquit comme par voie de végétation, vers le dixième siècle, une langue heureuse, assez riche déjà, bien formée, toute une flore vivante que ceux qui l'ont vue poindre, éclore et s'épanouir sont presque tentés de préférer à la langue plus savante et plus forte, mais plus compliquée et moins naïve, des âges suivants.

Sous cette première forme lentement progressive et naturelle, tous les mots français qui viennent du latin et, par le latin, du grec ont été adoucis, préparés, mûris et fondus, façonnés à nos gosiers, par des siècles entiers de prononciation et d'usage ; ils sont le contraire de ce qui est calqué et copié artificiellement, directement. Ils n'ont pas été transportés d'un jour à l'autre et faits de toute pièce, tout roides et tout neufs, d'après une langue savante et morte, que l'on ne comprend que par les yeux et plus du tout par l'oreille. À ce vieux fonds de la langue française, il y a peu à réformer pour l'orthographe. Les mots en ayant été prononcés et parlés par le peuple, des siècles durant, avant d'être notés et écrits, toutes ou presque toutes les lettres inutiles ont eu tout le temps de tomber et de disparaître. Quand ils ont été écrits pour la première fois, ils ne l'ont pas été par des savants. L'usage a donc amené et produit pour ce vieux fonds domestique la forme qui, ce semble, est définitive. La difficulté est surtout pour les mots savants et d'origine plus récente, importés à partir du seizième siècle, depuis l'époque de la Renaissance, et la plupart tirés du grec avec grand renfort de lettres doubles et de syllabes hérissées. Ces mêmes historiens de la langue et qui l'admirent surtout aux douzième et treizième siècles, dans sa première fleur de jeunesse et sa simplicité, sont portés à proscrire, à juger sévèrement toute l'œuvre de la Renaissance, comme si elle n'était pas légitime à son moment et comme si elle ne formait pas, elle aussi, un des âges, une des saisons de la langue. La tentative qui consisterait aujourd'hui à réduire et à simplifier, en les écrivant, bon nombre des doctes mots introduits alors serait donc absurde.

L'introduction de la plupart de ces mots s'étant faite par les savants et d'autorité, non insensiblement et par le peuple, ce ne saurait être à la manière du peuple et, comme cela c'est passé pour le premier fonds ancien de mots latins, par une usure lente et continuelle, que la simplification devra s'opérer. Mais la même autorité qui a importé les mots et vocables scientifiques peut intervenir pour les modifier. Ainsi, rien n'oblige d'user perpétuellement de cette orthographe grecque si repoussante dans les mots *rhythme*, *phthisie*, *catarrhe*, etc. ; et il y a longtemps que Ronsard et son école, tout érudits qu'ils étaient, avaient désiré affranchir et alléger l'écriture courante de cet *insupportable entassement de lettres*. Ils n'y étaient point parvenus.

De l'histoire des tentatives faites depuis le seizième siècle pour la simplification de l'orthographe, il ressort que, pour réussir à obtenir quelque chose en telle matière et pour triompher de l'habitude ou de la routine, même lorsque celle-ci est gênante et fatigante, il ne faut pas trop demander, ni demander tout à la fois. Joachim du Bellay le savait bien, lui qui, dans son *Illustration et défense de la langue*, où il proposait en 1549 tant d'innovations littéraires, n'a pas voulu les compliquer de l'emploi de l'orthographe nouvelle, qu'il approuvait en principe, mais qu'il savait trop dure à accepter des récalcitrants. Ces projets de réforme radicale dans l'orthographe, mis en avant par Meigret et par Ramus, ont échoué ; Ronsard lui-même recula devant l'emploi de cette écriture en tout conforme à la prononciation ; il se contenta, en quelques cas, d'adoucir les aspérités, d'émonder quelques superfétations, d'enlever ou, comme il disait, de *racler* l'*y* grec ; il avait d'ailleurs ce principe excellent que *lorsque tels mots grecs auront assez longtemps demeuré en France, il convient de les recevoir en notre mesnie et de les marquer de l'*i *français pour montrer qu'ils sont nôtres et non plus inconnus et étrangers.* Cette règle est celle qui se pratique encore et qui devrait prévaloir pour tout mot ou toute expression étrangère. Ainsi pour *a-parte* : un *a-parte*, des *a-parte* ; on l'écrivait d'abord en deux mots, et le pluriel ne prenait pas d'*s* ; mais l'expression ayant fait assez longtemps quarantaine et ayant mérité la naturalisation, on en a soudé les deux parties, on en a fait un seul mot qui se comporte comme tout autre substantif de la langue et on l'écrit un *aparté*, des *apartés*. C'est ainsi encore qu'il est venu un moment où les *quanquam* sont devenus les *cancans*. Mais les *errata*, bien que si fort en usage et qui devraient être acclimatés, ce semble, n'ont pu encore devenir des *erratas*, comme on dit des *opéras*[3].

Corneille, après Ronsard, apporte à son tour son autorité en cette question de la réforme de l'orthographe. Dans l'édition qu'il donna en 1664 de son *Théâtre* revu et corrigé, il mit en tête un *Avertissement* où il exposait ses raisons à l'appui de certaines innovations qu'il avait cru devoir hasarder, afin surtout, disait-il, de faciliter la prononciation de notre langue aux étrangers. Ces idées et

3. Chose bizarre, *errata* employé au singulier est devenu un mot français, puisqu'on dit un *errata* ; et au pluriel, il est resté un mot étranger et latin, puisqu'il ne prend pas d'*s* et qu'on écrit des *errata* et non des *erratas*. C'est à des irrégularités de ce genre que les décisions de l'Académie peuvent porter remède.

vues de Corneille, excellentes en principe, me paraissent avoir été un peu compliquées et confuses dans l'exécution. Le grand poète n'était pas un esprit pratique.

Ce qui est certain, c'est qu'une extrême irrégularité orthographique, une véritable anarchie s'était introduite dans les imprimeries pour les textes d'auteurs français du dix-septième siècle : il était temps que le *Dictionnaire de l'Académie*, si longtemps promis et attendu, vînt y mettre ordre. Dans la préparation de ce premier *Dictionnaire* et dans les cahiers qui en ont été conservés, on a les idées de Bossuet qui sont fort sages et fort saines. Il est pour une réforme modérée. Il est d'avis de ne pas s'arrêter sans doute à l'orthographe *impertinente* de Ramus, mais aussi de ne pas s'asservir à l'ancienne orthographe *qui s'attache superstitieusement à toutes les lettres tirées des langues dont la nôtre a pris ses mots* ; il propose un juste milieu : ne pas revenir à cette ancienne orthographe surchargée de lettres qui ne se prononcent pas, mais suivre l'usage constant et retenir les restes de l'origine et les vestiges de l'Antiquité autant que l'usage le permettra.

Le premier *Dictionnaire de l'Académie*, qui parut en 1694, ne se contint point tout à fait, à ce qu'il semble, dans les termes où l'aurait voulu Bossuet, et l'autorité de Régnier des Marais, qui accordait beaucoup à l'archaïsme, l'emporta. Ce ne fut qu'à la troisième édition de son *Dictionnaire*, celle qui parut en 1740, que l'Académie se fit décidément moderne et accomplit des réformes décisives dans l'orthographe. Il y avait eu Fontenelle et La Motte, avec leur influence, dans l'intervalle. Si l'on compare cette troisième édition à la première, elle offre des modifications orthographiques dans cinq mille mots, c'est-à-dire dans le quart au moins du vocabulaire entier. Il se fit un grand abattis de superfluités de tout genre : des milliers de lettres parasites disparurent. C'est à cette troisième édition, où pénétra l'esprit du dix-huitième siècle, qu'on dut ne plus écrire *accroistre*, *advocat*, *albastre*, *apostre*, *bienfaicteur*, *abysme*, *laict*, *allaicter*, *neufvaine*, etc. ; toutes ces formes surannées et gothiques firent place à une orthographe plus svelte et dégagée. L'abbé d'Olivet eut la principale part dans ce travail ; l'Académie avait fini, du guerre lasse, par lui donner pleins pouvoirs :

> *À propos de l'Académie*, écrivait-il, *nos délibérations, depuis six mois, n'ont servi qu'à faire voir qu'il était impossible que rien de systématique partît d'une Compagnie. Enfin, comme il est temps de se mettre à imprimer, l'Académie se détermina hier à me nommer seul plénipotentiaire à cet égard. Je n'aime point cette besogne, mais il faut bien s'y résoudre car, sans cela, nous aurions vu arriver non pas les calendes de janvier 1736, mais celles de 1836 avant que la Compagnie eût pu se trouver d'accord.*

Le seizième siècle avait été hardi ; le dix-septième était redevenu timide et soumis en bien des choses ; le dix-huitième reprit de la hardiesse et l'orthographe, comme tout le reste, s'en ressentit : elle perdit ou rabattit quelque peu, dès l'abord, l'ample perruque dont on l'avait affublée. L'abbé de Saint-Pierre, qui fut le premier à réagir contre la mémoire de Louis XIV, faisait imprimer ses écrits dans une orthographe simplifiée qui lui était propre ; mais le bon abbé tenait trop peu de compte, en tout, de la tradition et on ne le suivit pas. D'autres esprits plus précis et plus fermes étaient écoutés : Dumarsais, Duclos – n'oublions pas un de leurs prédécesseurs, le Père Buffier, un jésuite doué de l'esprit philosophique – l'abbé Girard, mais Voltaire surtout, Voltaire le grand simplificateur, qui allait en tout au plus pressé et qui, en matière d'orthographe, sut se borner à ne demander qu'une réforme sur un point essentiel, une seule : en la réclamant sans cesse et en prêchant d'exemple, il finit par l'obtenir et par l'imposer. Cette réforme, toutefois, qui consistait à substituer l'*a* à l'*o* dans tous les mots où l'*o* se prononçait *a*, ne passa point tout d'une voix de son vivant : elle n'était point admise encore dans la quatrième édition du *Dictionnaire de l'Académie*, qui parut en 1762. Tout au plus y avait-on écrit *connaissance*, *connaître*, *ivraie*, jusqu'alors écrits par *o*. Mais ce ne fut que dans la cinquième édition, publiée de nos jours, en 1835, que l'innovation importante, déjà admise par la généralité des auteurs modernes, trouva grâce aux yeux de l'Académie et que la réforme prêchée par Voltaire fut consacrée.

Il y eut des protestations individuelles remarquables. Charles Nodier, par inimitié contre Voltaire d'abord, par l'effet d'un retour ultra-romantique vers le passé, par plusieurs raisons ou fantaisies rétrospectives, continua de maintenir et de pratiquer l'*o*. Chateaubriand de même : c'était un coin de cocarde, un lien de plus avec le passé. Au reste, notre dix-neuvième siècle a présenté sur cette question de l'orthographe, et comme dans un miroir abrégé, le spectacle des dispositions diverses qui l'ont animé en d'autres matières plus sérieuses. Mais il s'est fait depuis quelques années, et pour bien des causes, une sorte d'intimidation générale de l'esprit humain sur toute la ligne. La réforme de l'orthographe elle-même y est comprise et s'en ressent ; on est tenté de s'en effrayer, de reculer à cette seule idée comme devant une périlleuse audace. Tout le terrain gagné en théorie depuis Port-Royal jusqu'à Daunou semble perdu. Nous avons à prendre sur nous pour redevenir aussi osés en matière de mots et de syllabes que l'était l'abbé d'Olivet.

On objecte toujours l'usage ; mais il y a une distinction à faire, et que Dumarsais, dès le principe, a établie : c'est la prononciation qui est un *usage*, mais l'écriture est un *art*, et tout art est de nature à se perfectionner. *L'écriture*, a dit Voltaire, *est la peinture de la voix : plus elle est ressemblante, meilleure elle est.* Il importe sans doute, parmi tous les changements et les retouches que réclamerait la raison, de savoir se borner et choisir, afin de ne point introduire d'un seul coup trop de différences entre les textes déjà imprimés et ceux qu'on réimprimerait à nouveau ; il faut les réformer, non les travestir.

Il y a quantité de corrections à introduire dans le nouveau *Dictionnaire* et qui ne sauraient faire doute un moment. Pourquoi, dans le verbe *asseoir*, l'Académie ne met-elle l'*e* qu'à l'infinitif, et pourquoi, dans le verbe *surseoir*, met-elle l'*e* à l'infinitif et de plus au futur et au conditionnel ? Pourquoi écrit-elle *abattement*, *abattoir* avec deux *t*, et *abatis* avec un seul ? Pourquoi *charrette*, *charretier* avec deux *r*, et *chariot* avec une seule ? Pourquoi *courrier* encore avec deux *r*, et *coureur* avec une seule ? Pourquoi *banderole* avec une seule *l*, et *barcarolle* avec deux ? Pourquoi *douceâtre* et non *douçâtre*, comme si l'on n'avait pas le *c* avec cédille, etc., etc.[4] ? Le *Dictionnaire* écrit *ostrogot* ; pourquoi alors écrire *gothique* ? Ce sont là des inconséquences ou des distractions qu'il suffit de signaler et qui sont à réparer sans aucun doute.

L'introduction de l'*f* au lieu de *ph* dans quelques mots compliqués est plus capable de faire question. Il est bien vrai qu'autrefois, dans sa première édition, l'Académie avait écrit *phantôme*, *phantastique*, *phrénésie*, et que depuis elle a osé écrire *fantôme*, *fantastique*, *frénésie*. Osera-t-elle bien maintenant appliquer la même réforme à d'autres mots et faire une économie de tous ces *h* peu commodes et peu élégants, écrire *nimfes*, *ftisie*, *diftongues*... ? Je vois

4. Il y a un fort bon écrit d'un grammairien estimable, feu M. Pautex, *Errata du Dictionnaire de l'Académie* (1862). Ce travail, fait sans aucune malveillance, est un des instruments les plus utiles à avoir sous la main pour l'édition nouvelle.

d'ici l'étonnement sur les visages. Et l'étymologie ? va-t-on s'écrier. Mais cette étymologie, on s'en est bien écarté dans les exemples cités tout à l'heure. Et puis cette raison qu'il faut garder aux mots tout leur appareil afin de maintenir leur étymologie est parfaitement vaine ; car pour une lettre de plus ou de moins, les ignorants ne sauront pas mieux reconnaître l'origine du mot, et les hommes instruits la reconnaîtront toujours. Ce sont là toutefois des questions de tact et de convenance où il importe d'avoir raison avec sobriété.

En-dehors des réformes d'orthographe, il y aura à revoir et à étendre les définitions de certains mots dont l'acception s'est considérablement élargie. Ainsi, pour le mot *lyrique*, par exemple, dont le sens ne se borne plus à des pièces d'opéra, mais qui comprend et embrasse, selon les meilleurs critiques, tout un vaste ensemble de poésie intime ou personnelle et d'épanchements de l'âme, en regard et à côté des genres *épique* et *dramatique* : il faudra, bon gré mal gré, tenir compte de ces progrès de l'esthétique. La question des nouveaux mots à introduire ne sera pas moins grosse[5]. Il ne s'agit pas, pour que cette introduction soit plausible et motivée, de considérer uniquement si un mot de formation relativement récente est bon ou mauvais, s'il présente un sens agréable ou non ; il s'agit simplement de savoir s'il a cours et s'il est nécessaire, s'il peut être suppléé par un autre plus ancien, son parfait équivalent. Je prends vite un exemple et je ne crains pas de le prendre parmi les

5. Si l'on cherchait des autorités, on aurait ici celle de Fénelon, favorable à l'introduction des termes nouveaux dès qu'ils sont jugés nécessaires. *On a retranché*, disait-il, *plus de mots (du vieux langage) qu'on n'en a introduit... Je voudrais n'en perdre aucun et en acquérir de nouveaux. J'entends dire que les Anglais ne se refusent aucun des mots qui leur sont commodes : ils les prennent partout où ils les trouvent chez leurs voisins. De telles usurpations sont permises.* Fénelon, si délicat, n'était pas *petite bouche*.

mots les plus suspects, les plus compromis d'avance. *Emotionner* est assurément un vilain mot. Ne l'admettons pas dans le *Dictionnaire*, dira-t-on ; ne lui donnons point le droit de cité ; *émouvoir* suffit. À quoi je réponds : non, *émouvoir* ne suffit pas ; car il est des cas où j'emploierai *émotionner* et où j'en aurai besoin. Et par exemple si je veux définir la manière de tel historien moderne qui, à force de dramatiser l'histoire, l'a énervée ; qui, en peignant les hommes de la Révolution, les a décrits dans un détail minutieux et impossible, comme Balzac fait pour ses héros de roman ; si, parlant de cet historien, je dis : *L...[Lamartine], dans son «Histoire de la Révolution» et dans les scènes qu'il y retrace, ne se contente pas d'exciter les sentiments de pitié ou d'indignation, il ébranle les nerfs ; il ne se contente pas d'émouvoir, il veut émotionner* – eh bien ! *émotionner*, dans ce cas-là, je le demande, n'est-il pas français et selon l'acception la plus juste ? Il est vrai qu'en l'introduisant dans le *Dictionnaire*, il faudrait bien indiquer que ce mot *émotionner* ne saurait s'appliquer avec propriété que dans un sens abusif et défavorable.

Et *baser*, ce verbe néologique que je voyais hier encore désigné d'une mauvaise note par une plume attique, faut-il donc absolument le proscrire, lui fermer la porte dans le nouveau *Dictionnaire* ? Je sais que c'était le cauchemar de Royer-Collard, et qu'un jour qu'une discussion s'était élevée à l'Académie sur ce verbe *baser* et que quelques-uns ne semblaient pas trop éloignés de l'admettre, il coupa court à la discussion en disant : *S'il entre, je sors.* Mais l'usage a triomphé de bien d'autres résistances et les Caton de la langue peuvent eux-mêmes avoir tort, sinon en droit, du moins en fait. Caton est entêté ; mais un fait est encore plus entêté que Caton. On me dit qu'on peut suppléer à ce verbe *baser* par les mots *fonder*, *établir*, et qu'il n'y a nulle nécessité d'innover. Voyons un peu, je vous prie. Nous vivons dans une époque parlementaire ou approchant, une époque oratoire : on discute le budget ; il y a des discussions de chiffres ; eh bien ! dans un débat de cet ordre, je suppose qu'un des orateurs contendants, qu'un interlocuteur, apostrophant le rapporteur du budget, lui demande sur quoi il se fonde dans telle ou telle supputation qui aboutit à un nombre de millions ou de milliards ; est-ce que le rapporteur, parlant du haut de la tribune, ne sera pas en droit de dire dans une langue parfaitement congrue et correcte : *Mon argumentation, Messieurs, vous me demandez sur quoi elle repose : je la base sur une triple colonne de chiffres, tous exacts et vérifiés... etc.* Est-ce que ce mot *baser*, avec son emphase, sa sonorité même qui remplit la bouche et qui porte jusque sur les derniers bancs de la Chambre, ne sera pas ici le mot oratoire plutôt que le mot plus sourd ou plus faible : je la *fonde* ou je l'*établis* ? Donc il y a des cas où le mot est juste, où il est plus à sa place que tout autre. Pourquoi donc ne l'introduirait-on pas dans la nouvelle édition du *Dictionnaire*, tout en indiquant qu'il ne saurait s'employer justement que dans un sens un peu technique, dans un sens administratif, plutôt que dans la langue littéraire ?

Le verbe *capitaliser* ne se trouve pas non plus dans la dernière édition du *Dictionnaire de l'Académie* ; il n'a trouvé place que dans le *Complément*. C'est un tort. Quoiqu'il semble appartenir tout entier à la langue économique et financière (ce qui est déjà quelque chose), il peut trouver son emploi heureux dans la langue littéraire. Et *formuler* (car je me fais en ce moment, par supposition, l'avocat de toutes les causes, sinon mauvaises, du moins douteuses, non pas tant pour les faire prévaloir que pour montrer dans quel sens elles peuvent être défendues) : on abuse aujourd'hui de ce mot *formuler*, on l'emploie indifféremment pour *exprimer*, *énoncer*. Mais il est bien des cas, pourtant, où il trouverait sa place. On dira très bien de quelqu'un de dogmatique et de tranchant : *Il formule ses opinions en articles de loi. Exprimer*, enfin, ne remplace pas *formuler* dans certains cas où l'on appuie sur le sens. Ne serait-ce pas à dire, à indiquer dans un *Dictionnaire* du présent usage ?

Mais je conviens que sur cette pente, il y a à prendre garde et qu'il est un point où il est juste de s'arrêter. C'est au bon goût et au bon sens à le reconnaître. Un ancien ministre et conseiller d'État d'un précédent régime, homme de beaucoup d'esprit et de beaucoup de littérature, racontait agréablement ceci aux dépens d'un de ses collègues, meilleur administrateur que grammairien : *Du mot «règle»*, disait-il, *on a fait «régler» ; de «régler», on a fait «règlement»; de «règlement», on a fait «réglementer»... C'est déjà un peu fort et, dans les commissions, on n'en fait pas d'autres ; mais on ne s'en est pas tenu là : de «réglementer», on a fait «réglementation»... Passe encore ; mais un jour, Ducos ne s'est-il pas avisé de vouloir faire de «réglementation» le verbe «réglementationner» ! Oh ! pour le coup, on s'est insurgé et l'on a crié holà !* Ce que cet ancien ministre, homme d'esprit, a observé là à l'occasion d'un mot spécial, l'Académie aura à le faire à l'occasion de bien des mots nouveaux : elle aura à indiquer le point et le temps d'arrêt, le degré d'innovation possible et permis ; mais qu'elle ne l'oublie pas, ce point à déterminer n'est point fixe, ni donné par les livres ou par les anciens vocabulaires : il est mobile, et c'est à l'usage et au goût combinés à le saisir et à l'indiquer.

Ainsi encore, le goût des collections a augmenté de nos jours : c'est une manie, c'est une fureur. Tout le monde collectionne, celui-ci des autographes, celui-là des eaux-fortes, tel autre des porcelaines et des faïences. De là est venu le mot *collectionneur* et le verbe *collectionner* : il sera difficile de les éviter, car ils répondent à un goût nouveau, à un besoin nouveau. L'usage les impose. Toutes les fois qu'un usage s'obstine, c'est qu'il a sa raison d'être.

Le mot *énormément* encore s'emploie sans cesse. Il se dit indifféremment pour *beaucoup*. Pourquoi ne ferait-on pas remarquer que ce sens excessif est devenu tout naturel dans une époque excessive elle-même, qui dans l'habitude porte tout à l'excès et où l'on ne croit avoir *beaucoup* que quand on a *trop* ? Il y aura de quoi occuper, on le voit, et passionner innocemment bien des séances de l'Académie. Ces disputes sur la langue et l'orthographe ne finissent point. Pourtant, il convient qu'elles aboutissent et que l'on conclue : la moindre partie des réformes proposées sera déjà un progrès, si on l'accepte.

M. Didot demande le plus pour obtenir le moins. Sans doute il a raison et mille fois raison ; mais depuis quand a-t-il suffi dans les choses humaines, et même dans les choses littéraires, d'avoir cent mille fois raison ? C'est déjà beaucoup si l'on ne vous donne pas tout à fait tort. Il en est de l'orthographe comme de la société : on ne la réformera jamais entièrement ; on peut du moins la rendre moins vicieuse. Parmi les regrets de M. Didot et dont il faut qu'il fasse son deuil, l'un des plus vifs est sur ce mot même d'*orthographe* : en effet, il n'y eut jamais de mot plus mal formé. Il fallait dire *orthographie*, comme on dit *philosophie*, *biographie*, *télégraphie*, *photographie*, etc. Que dirait-on si le nomenclateur de ces derniers arts avait imaginé de les intituler la *photographe*, la *télégraphe* ? Mais commettre cette ânerie pour le mot même qui répond juste à bien écrire, c'est jouer de malheur. L'ironie est piquante. Qu'y faire ? Tous les décrets académiques ou autres n'y peuvent rien. Tirons-en une leçon. Cette espèce d'accident et d'affront qui a défiguré tout d'abord d'une manière irréparable le mot même exprimant l'art d'écrire avec rectitude nous est un avertissement qu'en telle matière, il ne faut pas ambitionner une réforme trop complète, que la perfection est interdite, qu'il faut savoir se contenter, à chaque reprise, du possible et de l'à peu près.

P.-S. : Les discussions de l'Académie sur les mots nouveaux ont commencé ; le premier des mots importants qui se présentait marqué d'un astérisque, *absolutisme*, a été débattu et admis. *Radicalisme* le sera aussi. L'Académie est dans la bonne voie[6].

2 mars 1868. *Nouveaux lundis*, t. XI, pp. 203-224

---

6. Je faisais tout ce que je pouvais, on le voit, pour enhardir et pour émoustiller l'Académie ; mais je crains bien d'en avoir été pour mes frais : on m'assure que, depuis, elle est retombée à sa timidité naturelle et qu'elle concédera bien peu des réformes désirées. M. Didot n'obtiendra pas même le minimum de ses demandes. Oh ! le dix-neuvième siècle, à en juger du moins par la tête de la société et de la littérature, est bien peu le fils de son père le dix-huitième. Plus il avance en âge, plus il se *cotonise* et s'affadit. Cela se trahit dans les moindres choses comme dans les plus grandes. Il n'y a de vivace que ce qui est hors cadre.

Imprimé en France par l'imprimerie Tardy Quercy S.A. - Saint-Germain-du-Puy
Dépôt légal : premier trimestre 1992
Numéro d'édition : 6176
Numéro Imprimeur : 92-02-0090
Hermann, éditeurs des sciences et des arts